W0087345

Volker Ladenthin

Zweifeln,
nicht
verzweifeln!

Warum wir
Religion
brauchen

Volker Ladenthin

Zweifeln, nicht verzweifeln!

Warum wir Religion brauchen

echter

Bibliografische Information der Deutschen Nationalbibliothek

Die Deutsche Nationalbibliothek verzeichnet diese Publikation
in der Deutschen Nationalbibliografie; detaillierte bibliografische
Daten sind im Internet über ‹http://dnb.d-nb.de› abrufbar.

1. Auflage 2016
© 2016 Echter Verlag GmbH, Würzburg
www.echter.de

Umschlag: Peter Hellmund (Foto: gettyimages)
Satz: Hain-Team (www.hain-team.de)
Druck und Bindung: CPI-books – Clausen & Bosse, Leck

ISBN
978-3-429-03943-1
978-3-429-04848-8 (PDF)
978-3-429-06267-5 (ePub)

Was dieses Buch will und was nicht

Dieses Buch handelt von der Religion. Es ist kein Bekenntnisbuch. Es legt nicht Zeugnis ab. Es ist kein Trost- und auch kein Erbauungsbuch. Kein Gottesbeweis und kein Therapieangebot. Es ist auch keine Einführung in Theologie oder Religionsphilosophie.

Es ist eine Einladung zum Denken. Meine Methode ist so voraussetzungslos wie nur irgend möglich: Ich fange mit einem Beispiel an und suche dann nach dem nächsten, das zu ihm passt. Mit dieser Methode versuche ich herauszufinden, ob das, was ist, wirklich schon alles ist.

Ich frage danach, warum wir uns so sicher sind, dass wir mit unserem gigantischen Know-how alle Probleme lösen können, auch die des „Wozu?".

Wozu wollen wir wissen, was wir wissen wollen?

Inhalt

1. Rat und Rätsel

Manche Schlager oder andere Lebensberater empfehlen, jeden Tag so zu leben, als ob es der letzte Tag wäre. Ein Ratschlag, der bei mir Stresshormone freisetzt und großes Grauen auslöst: Ich käme in arge Bedrängnis, wenn heute mein letzter Tag wäre. Ich bekäme dieses Buch nicht zu Ende geschrieben. Zudem hatte ich meiner Frau versprochen, den verstopften Abfluss zu reinigen, und wenn ich das nicht schaffe, dann enttäusche ich sie maßlos. Und das möchte ich keinesfalls. Unser Golf steht noch zur Inspektion in der Werkstatt im Industriepark am Stadtrand. Wer soll ihn abholen? Unser Sohn erwartet mich morgen als Babysitter, und die Ausleihfrist der sieben Bände Theodor Fontane aus der Stadtbücherei läuft heute ab. Da kämen Mahngebühren auf meine Familie zu, wenn ich die Bücher heute nicht zurückgäbe. Ich hatte meinen Eltern versprochen, am Wochenende den Einspruch bei der Krankenversicherung zu formulieren, da diese plötzlich schreibt, dass sie die Pflegekraft doch nicht bezahlen wird. Ob ich das alles noch heute schaffe, an meinem letzten Tag? Wer soll das sonst machen? Versprochen ist versprochen. Ach, und die Stornogebühren für die Mallorca-Reise (nein, ich hatte keine Reiseversicherung abgeschlossen!) werden die künftige Haushaltskasse unserer Familie unnötig für etwas belasten, das ich vor vier Monaten in die Wege geleitet hatte. Das alles zu regeln, schaffe ich heute nie, an meinem letzten Tag ..., aber es müsste geschafft werden. Ich stehe im Wort. Die anderen tragen die Folgen für etwas, was ich verursacht habe, wenn ich es heute nicht mehr schaffe.

Ginge es mir nicht erheblich besser, wenn ich mir vorstellte, zu handeln, als ob ich ewig leben würde?

Gehen wir das Ganze mal der Reihe nach an.

2. Als ob

Von Geburt an sterben wir. Mit jedem Tag, den wir länger leben, wird die verbleibende Lebenszeit kürzer. Das ist trivial. Aber die Folgen dieser Trivialität sind gar nicht trivial. Sie sind bedeutsam. Uns bleibt im Leben, wie geschickt wir uns auch anstellen mögen, immer nur eine begrenzte Zeit. Man kann sie statistisch errechnen: Bis zur Industriellen Revolution lag die durchschnittliche Lebenserwartung für die meisten Menschen bei ungefähr 30 Jahren – es sei denn, sie gehörten zu den 2–5 % Oberschicht, die alleweil „Gebratenes und Gesottenes" im Vorrat hatten, Gemüse satt und Obst aus aller Herren Länder, Diener fürs Grobe und einen zuverlässigen Hausmedicus.

Aber obwohl es ein kurzes Leben war, hat der römische Philosoph und kaiserliche Hauslehrer Seneca (ca. 4 v. Chr.– 65 n. Chr.) einen modern anmutenden Gedanken parat:

„Zum größten Teil beklagen sich die Menschen heftig über die Missgunst der Natur, weil wir nur für ein kurzes Leben geboren werden und weil so rasch, so ungestüm die uns gewährte Zeitspanne entflieht, dergestalt, dass mit Ausnahme von ganz wenigen für alle anderen inmitten der Vorbereitung auf das Leben das Leben endet. Wir haben aber nicht wenig Zeit, wir haben nur viel vergeudet. Hinreichend lang ist das Leben und großzügig bemessen, um Gewaltiges zu vollbringen, würde man es im Ganzen nur richtig investieren. So ist's: Wir erhalten kein kurzes Leben, sondern haben es dazu gemacht, und es mangelt uns nicht an Zeit, sondern wir verschwenden sie."

Wie wird die Zeit vertan! Allerdings: 30 Jahre sind nun nicht gerade viel Zeit. Es blieb zum Beispiel sehr wenig reine *Lern*zeit. Zu wenig für Kindergarten, Schule mit gründlichem Unterricht. Am besten, man lebte und lernte zugleich. Mit 15 Jahren war es dann so weit: Man musste daran denken, eine Familie zu gründen, einen Beruf auszuüben, eine hübsche Wohnstatt einzurichten, durch die Felder und die Wälder zu ziehen, durch die Städte und in die alten und neuen Welten zu reisen und zuzusehen, wie die eigenen Kinder eine Familie gründen. Die meisten Kinder waren „in der guten alten Zeit" mit 15 Jahren elternlos und auf ältere Geschwister oder Verwandte angewiesen oder auf fremde Menschen.

„Dies Leben kommt mir vor als eine Rennebahn" (Andreas Gryphius, 1616–1664)

Mit der Erfindung der Maschinen, die von harter Muskelarbeit entlasteten; mit der Einsicht in Hygiene und in die Grundsätze der Ernährung; mit der Sozialgesetzgebung und dem Ausbau der ärztlichen Versorgung verlängerte sich die Lebenserwartung auf inzwischen ungefähr 80 Jahre – bei uns in Europa, wie man, die Freude stark dämpfend, ergänzen muss. Woanders ist es anders.

Doch wie lang sie auch währt: Unsere Lebenszeit ist immer begrenzt. Man muss sein Leben geschickt einteilen – zumal die Psychologen bestätigt haben, was man schon immer wusste. So schrieb der tschechische Bildungsplaner Jan Amos Comenius (1592–1670) im 17. Jahrhundert: „Drum können die Kinder auch leichter als alle andern unterrichtet werden, da sie von üblen Gewohnheiten-noch nicht besessen sind."

Kinder lernen manches besser und leichter als Erwachsene. Es gibt Lebensphasen, in denen das Lernen bestimmter Inhalte besonders leichtfällt. Maria Montessori (1870–1952), die italienische Ärztin und Pädagogin, spricht von „sensiblen Phasen": Wir sind zeitweise besonders sensibilisiert und aufnahmefähig für bestimmte Inhalte. In einigen Lebensaltern hören wir gern Spukgeschichten und Märchen, in anderen lesen wir lieber Liebes- und Abenteuergeschichten, oder wir besorgen uns gleich Sachbücher. Wenn wir lernen wollen, eine Sprache so zu sprechen wie die Einheimischen, tun wir gut daran, die Sprache möglichst früh im Leben zu lernen. Fremdländische Akzente kann man kaum vermeiden, wenn man eine Sprache zu spät im Leben lernt: Rudi Carrell (1934–2006), der beliebte Entertainer, hat seinen holländischen Akzent nie verlernt, obwohl er die größten Erfolge seines Entertainerlebens in Deutschland feierte.

Der Umstand, dass wir sterben, also *endlich* sind, hat demnach erhebliche Folgen für unsere Lebensplanung. Wenn wir einen Achttausender besteigen wollten, ist es nicht ratsam, allzu lange damit zu warten: Mit 85 Jahren wird man es kaum noch schaffen. Wer den Weltrekord im 100-Meter-Lauf brechen will, sollte dies vor dem 30. Lebensjahr versuchen. Offensichtlich setzt uns die Natur zuweilen absolute Grenzen, die bisher noch niemand überschritten hat.

Wir sehen: Unser Handeln ist durch unsere Endlichkeit bestimmt. Und zwar absolut bestimmt. Models und Leistungssportler erfahren dies ebenso wie Schauspieler, Frauen, die einen Kinderwunsch haben, Taucher, Dachdecker, Balletttänzer, Piloten oder Schichtarbeiter. Manches kann man ab einem bestimmten Lebensalter nur noch schlechter machen als vorher und manches gar nicht mehr. Man kann nicht zu jedem Zeitpunkt des Lebens alles machen. Wir tun also klug daran, unser Leben zu planen und die Zeit zu nutzen, die wir zum Leben haben. Der schnelle Tag ist schnell dahin. Unser Leben ist absolut begrenzt.

Wir leben ewig

Aber auch das Gegenteil stimmt: Unser Leben ist absolut unbegrenzt. Wir können es nämlich gedanklich verlängern. Wir können in Gedanken unseren Tod überschreiten oder überwinden. Wir überschreiten sogar mit Taten unseren Tod! Es gibt einen alten Weintrinker-Witz, der das sehr schön deutlich macht:

> Ein Weinkenner wird gefragt: „Kann man eigentlich alle Weine der Welt probieren?"
> Antwort: „Nein, aber man kann es versuchen."

Der Hintersinn der Antwort ist recht eindeutig und lüstern: Der Weinkenner sucht einen guten Grund zum ausgiebigen Zechen. Aber die Antwort macht einen gleichwohl nachdenklich: Obwohl unser Leben begrenzt ist und wir uns damit abfinden müssen, *könnten* wir so leben, *als ob* es unbegrenzt wäre – *als ob* wir ewig lebten: „… man kann es versuchen …" Dieser Witz empfiehlt es geradezu: *Versuche doch mal so zu leben, als ob du ewig leben würdest! Versuche doch mal, nicht den Tod als Begrenzung zu sehen und angesichts des Todes zu leben, sondern so zu leben, als ob es den Tod nicht gäbe. Eines ist gewiss: Du würdest anders leben!*

Der Gedanke, dass wir ewig leben – zuerst nichts als ein Gedankenspiel – hat Konsequenzen für unser schlichtes alltägliches Leben, ja sogar für den angenehmeren Teil des Lebens. Zwar können wir weder aus der Sterblichkeit noch aus der Unsterblichkeit direkt ableiten, wie wir leben und was wir tun sollen. Gleichwohl ändert sich unser Leben, je nachdem, ob wir unsere Tagesplanung auf die Endgültigkeit des Todes oder das „Als-ob" des ewigen Lebens beziehen. (Behalten wir dieses Denkmodell einmal in Erinnerung!) Sicher ist: Wir wagen mehr, wir probieren mehr aus, wenn wir uns vorstellen, wir würden ewig leben.

Ethik des Alterns

In vielen Dingen des Alltags verhalten wir uns übrigens tatsächlich so, als ob wir nach unserem Tod weiterlebten: Eisenbahningenieure planen und bauen Bahnlinien, die auch dann noch in Schuss sein müssen, wenn ihre Planer längst in Rente stehen oder beerdigt wurden. Der Menschen müde Scharen haben Burgen, Schlösser und Kirchen gebaut, deren Fertigstellung die Planer nicht mehr erlebt haben. Ein berühmtes Beispiel ist der Kölner Dom, der im 13. Jahrhundert geplant und erst 1880 eingeweiht wurde. Tüftler konstruieren Geräte, die auch nach dem Tod ihrer Konstrukteure funktionieren ... die Uhr, die Dampfmaschine, der Dieselmotor. Und beim Kernkraftwerk wissen ihre Bauherren, dass die Abfälle der Gegenwart noch in Jahrhunderten glühen und strahlen ... Sie haben weit, weit über ihr eigenes biologisches Leben hinaus geplant (hoffentlich!).

Aber nicht nur im öffentlichen Leben handelt man so, als ob man ewig leben würde. Auch im Privatleben handeln wir so: Manche bauen ein Haus, das vermutlich noch steht, wenn sie längst gestorben sind. Wir setzen ein Testament auf, das die Dinge regelt für eine Zeit, in der wir gar nicht mehr „auf der Welt" sind. Warum regeln wir sie dann?

Wenn wir Kinder zu versorgen haben, dann statten wir sie durch eine gute Schulbildung für eine Zeit aus, die wir gar nicht mehr erleben werden, die uns eigentlich gleichgültig sein könnte. Wenn wir für unseren Ehepartner eine „Vorsorgevollmacht" unterschreiben, dann müssen wir ankreuzen: „Die Vollmacht gilt über den Tod hinaus: Ja/Nein". Warum wollen wir etwas über unseren Tod hinaus regeln? Das ist doch irrational! Warum fühlen wir uns für etwas verantwortlich, das wir gar nicht mehr erleben werden?

Prinzip Unendlichkeit

Spätestens bei diesem Verantwortungsgefühl verlassen wir den Raum der Endlichkeit. Wir fühlen eine Verantwortung für eine Zeit nach uns. Wir denken: „Irgendwie sind wir doch noch dabei!" Woher sonst das Gefühl?

Wie lang diese Zeit währt, für die wir uns noch verantwortlich fühlen, mag sich unterscheiden: Bei den Bauherren der Großen Chinesischen Mauer war es eine sehr lange Zeit. Aber *jede* Sorge um unser Eigentum, jede Sorge um das eigene Kind überschreitet den Zeitraum unserer

Endlichkeit. Wir bilden unsere Kinder aus für eine Zeit nach unserem eigenen Leben. Und wenn wir unsere Enkel kennenlernen sollten – was heute leichter möglich ist als früher –, dann sorgen wir uns sogar darum, ob unsere Kinder mit ihren Kindern gut umgehen, und schenken ihnen Geld für eine gute Kleinkindbetreuung.

Wir leben also gar nicht nur nach dem, was ich „Prinzip Endlichkeit" nennen möchte – nach der Auffassung also, dass uns nur eine begrenzte Zeit zum Leben bleibt. Und man wird nicht fehlgehen in der Vermutung, dass Menschen nie und nirgends nur nach dem „Prinzip Endlichkeit" gelebt haben und auch nie leben werden. Wer Pyramiden baut, denkt über seinen Tod hinaus. Wer auch immer vor 25 000 Jahren in der Nähe von Willendorf eine Frauenstatue aus Stein gemeißelt hatte, wollte, dass sie auch nach dem eigenen Tod mögliche Betrachter erfreut.

Was die großen Konfessionen sagen

Genau diese Erfahrung nehmen nun viele Weltreligionen auf. Sie machen auf diesen *Umstand unserer Natur und unseres Denkens* aufmerksam: Niemand denkt nur an heute und bis exakt an sein Lebensende. Wirklich niemand.

Alle Weltreligionen versuchen, jene alltäglichen Erfahrungen aufzunehmen, zu ordnen und zu gestalten, die sich mit dem Leben nach dem Tod beschäftigen: Jede einzelne Konfession versucht herauszufinden, welche Gedanken man dem Leben angesichts des Todes widmen muss. Sie macht dies systematisch und als Institution, so dass nicht jede Generation wieder bei „0" mit dem Sammeln und Ordnen beginnen muss. Sie überlegt, welche Fragen man sinnvollerweise stellt. Sie versucht zu bestimmen, was zu regeln ist und was nicht. Wie man die Gedanken in eine vernünftige Reihenfolge bringt. Wie man über das Leben angesichts des Todes nachdenken muss.

Jetzt

Und die Konfessionen stellen die wichtigste Frage: Wie soll man *jetzt* leben, wenn man weiß, dass man eine Verantwortung für das Leben nach seinem eigenen Tod hat? Der chinesische Philosoph Konfuzius (551–479) soll es in folgende Worte gefasst haben: „Pflege im Volk die Achtung vor dem Tod und das Andenken an die Vergangenheit, dann wird sittliches Empfinden im Volk geweckt und vertieft." Offensichtlich *entspringt* aus dem Wissen um die eigene Endlichkeit ein Gefühl für die Sittlichkeit, die Empfindung, nach sittlichen Regeln *zu suchen*.

Hier ist *die grundlegende Frage aller Weltreligionen* angetippt: Wie muss man *jetzt* leben, damit man Verantwortung für das Leben angesichts des Wissens um den Tod übernehmen kann?

Der preußische Minister Wilhelm von Humboldt (1767–1835) hat diese Frage sogar als wesentlichen Gedanken der Bildungstheorie angesehen: Lerne so, dass du dein Leben nicht nur in den Grenzen von Geburt und Tod richtig leben kannst (das sowieso), sondern lerne so, dass du zufrieden dein eigenes Leben aus der Perspektive betrachten kannst, als ob du ewig lebtest:

> „Die letzte Aufgabe unsres Daseins: dem Begriff der Menschheit in unsrer Person, sowohl während der Zeit unsres Lebens

als auch noch über dasselbe hinaus, durch die Spuren des lebendigen Wirkens, die wir zurücklassen, einen so großen Inhalt als möglich zu verschaffen, diese Aufgabe löst sich allein durch die Verknüpfung unsres Ichs mit der Welt zu der allgemeinsten, regesten und freiesten Wechselwirkung. Dies allein ist nun auch der eigentliche Maßstab zur Beurteilung der Bearbeitung jedes Zweiges menschlicher Erkenntnis."

Das Paradies

Diese „Sorge um das ewige Leben" mag manchmal bedeuten, dass wir uns vorstellen, *wie* wir nach dem Tod existieren. Darüber haben viele Konfessionen wunderschöne Geschichten erzählt – jene über das Paradies nämlich. Das Paradies ist die Vorstellung vom richtigen, guten und schönen, vom erfüllten und sinnvollen Leben. Wir alle haben eine solche Vorstellung. Wir alle wissen oder ahnen, wie wir gerne leben würden. Kein Mensch ohne Paradiesvorstellung. „Wenn ich mir was wünschen dürfte ...", singt Marlene Dietrich (1901–1992) in ihrem berühmten Schlager. Deshalb kann uns die Werbung mit größter Aussicht auf Erfolg einen *Paradiesurlaub* versprechen, *Paradiescreme*, ein *Gartenparadies* und paradiesische Zustände.

Aber man kommt nur ins Paradies (kann also nach dem Tod glücklich leben), wenn man zuvor sittlich gehandelt *hat*. Wer auf ewig schön leben will, d.h. ein gutes Gewissen haben will, muss jetzt moralisch gut handeln. Weil jeder paradiesisch leben möchte, also glücklich, gut und zufrieden, strahlt die Bedeutung dieser Vorstellung unmittelbar aufs Handeln zurück.

Das Paradies ist das religiöse Bild für das „Prinzip Unendlichkeit". Die Vorstellung vom Paradies stellt die Frage, wie wir *vor* unserem Tod so leben, dass wir unser Handeln aus der Perspektive der Ewigkeit als „richtig gelebt" beurteilen. Das nämlich wäre die Konsequenz aus einer religiösen Betrachtung des Lebens. Und zumindest für alle Bauherren, Städteplaner, Bahningenieure, Erfinder, Versicherungsnehmer von Lebensversicherungen und Eltern würde ich behaupten: Diese Berufsgruppen handeln angesichts des „Prinzips Unendlichkeit". Sie zweifeln an der Endgültigkeit des Todes und denken über den eigenen Tod hinaus.

Im Vertrauen: Die meisten Menschen leben so, dass sie über ihren Tod hinaus denken …, sie planen das Leben nach dem Tod; sie handeln im Leben so, dass das Leben nach ihrem Tod gut oder sogar besser weitergeht. Sie planen, um es ganz schlicht zu sagen, ihr jetziges Leben angesichts ihres ewigen Lebens.

Genau dies aber ist ein Thema vieler Weltreligionen: Man sollte handeln, als ob das Paradies wartet.

Aber das Paradies wartet nur in *einem* besonderen Fall: Wenn man sich im Leben richtig verhält.

Tun und Lassen

Das gedankliche Überschreiten unserer Endlichkeit hat Folgen für unser Handeln *in* unserer Endlichkeit. Genau dies wäre eine Denkfigur, unter der viele Konfessionen Platz fänden. Im Koran heißt es in der berühmten Sure 36:

„Siehe, Wir machen die Toten lebendig und Wir schreiben auf, was sie zuvor taten, und ihre Spuren und alle Dinge haben Wir aufgezählt in einem deutlichen Vorbild."

Wenn wir also nach unserem Tod ins Paradies kommen wollen ... oder, anders gesagt, wenn wir zu Lebenszeiten unter dem Anspruch leben wollen, unser Handeln auch nach unserem Tod nicht bereuen zu müssen, dann würden wir nur Gutes tun und alles Schlechte lassen.

Das Paradies ist nicht Lohn oder Ersatz für das irdische Leben, sondern es ist die Mahnung, jetzt schon so zu leben, wie wir einst meinen werden, dass wir hätten leben sollen.

Das Paradies kann nicht *Lohn* sein, denn dann wäre Religion nichts als Krämergesinnung. Ein Tauschgeschäft.

Das Paradies kann nicht *Ersatz* fürs Leben sein, denn wir stellen die Frage ja mitten im Leben, in einem Leben, das wir *jetzt* bewältigen müssen.

Aber als Vorstellung hat das Paradies eine gewaltige *regulative* Bedeutung. Es sagt: Lebe so, dass du, wenn du am Ende deines Lebens zurückblickst, sagen könntest, du hast verantwortungsvoll gelebt. Bewerte also dein ganzes Leben nicht nur allein, während du noch lebst. (Denn so viel ist sicher: Am Tag vor dem Platzen der Aktienblase sah dein Leben ganz anders aus als am Tag danach. Am Tag vor der Geburt deiner Tochter sah dein Alltag anders aus als am Tag danach. Am Tag vor der Krebsdiagnose sah dein Leben anders aus als am Tag danach. Welchen Tag wolltest du als Stichtag nehmen, um dein Leben zu bewerten? Das Leben ist eine Rennbahn, und nach jeder Kurve sieht alles ganz anders aus.) Aus der Perspektive des Lebens allein kann man das Leben nicht beurteilen. Nimm daher deinen Tod als Position hinzu, aus der du dich befragst. Und dann befrage dich aus dieser Perspektive, wie du *jetzt* lebst. Stelle dir *immer* vor, du würdest dein Leben aus der Zeit nach deinem Tod prüfen.

Es scheint für uns Menschen natürlich zu sein, über den eigenen Tod hinaus zu denken. Und da alle Konfessionen genau dies thematisieren, gelangt man zu dem naheliegenden Schluss, dass religiöses Denken natürlich ist. Und weiter: In diesem Sinne ist jede Religion immer eine Naturreligion ..., sie verbalisiert das, was alle Menschen von Geburt an (also: von Natur aus) im Denken bewegt: die Frage nämlich, wie es nach unserem Tod weitergeht, mit der Welt, und (daher) jetzt mit uns – immerhin sind wir Teil dieser Welt – und welche Konsequenzen wir daraus ziehen, dass wir kraft Vernunft über den eigenen Tod hinaus denken können.

Wenn wir berücksichtigen, dass alle Menschen sich auch für jene Mitmenschen verantwortlich fühlen, deren Leben sie selbst gar nicht mehr miterleben – und wenn wir hinzunehmen, dass alle Konfessionen sich genau mit dieser Aufgabe beschäftigen –, dann kann man formulieren, dass *in diesem Sinn alle Menschen religiös sind.*

Alle Menschen sind religiös

Eine solche Formulierung ist keine Vereinnahmung jener Menschen, die bewusst atheistisch sein wollen. Religiosität ist ja keineswegs identisch mit dem Glauben an einen Gott. Vielmehr ist Religion das Durchdenken und Durchleben des Verhältnisses zu unserer Endlichkeit. Erklärte Atheisten mögen die Sorge um die Welt nach ihrem Tod vielleicht nicht als „religiös" bezeichnen, aber sie haben diese Sorge trotzdem. Wenn nun der Ausdruck „Religion" stört, verstört oder vor den Kopf stößt, so kann man vielleicht auf das Wort verzichten (oder den Beginn des Kapitels „7. Warum wir immer schon in einer Konfession leben. Eine erkenntnistheoretische Überlegung – unten S. 106 – empfehlen).

Wie auch immer: Mit der eigenen Endlichkeit müssen sich auch Atheisten auseinandersetzen. Auch sie transzendieren gedanklich immer den eigenen Tod.

Der Natur des Menschen entspringt die gedankliche Notwendigkeit, sich mit den Eigenheiten dieser Natur zu beschäftigen: z. B. mit der Eigenheit seiner Endlichkeit. Wir sterben nicht nur, wie alle Lebewesen; wir *wissen*, dass wir sterben. Und diesem Wissen muss man sich stellen. Religion heißt zuallererst, sich diesem Wissen zu stellen. Und in diesem Sinne sind alle Menschen religiös. (Und deshalb muss religiöse Unterweisung zur Bildung gehören. Andernfalls würden wir der nachwachsenden Generation die Möglichkeit nehmen, zu lernen, sich zu einem unausweichlichen Lebensproblem rational zu verhalten.)

Es ist doch beruhigend, dass sich alle Menschen zumindest *in einer Frage* einig sind: Wie verhalte ich mich jetzt angesichts des Wissens, dass ich sterben werde? Der Tod stellt alle Menschen vor die Frage, wie sie mit diesem Wissen handeln, sei es nun, dass sie mit dem eigenen Tod auch die Verantwortung für alles andere enden lassen, sei es, dass der Tod eben keine Grenze ist, nach der die Verantwortung aufhört. Wenn wir unsere Kinder auf das „wirkliche Leben" vorbereiten wollen, dann müssen wir sie mit dieser Frage vertraut machen. Sonst suchen sie Antworten bei Schlagern und anderen Lebensberatern, die ihnen die Wirklichkeit vorenthalten.

3. Gibt es Vollkommenes?

Aber welche Konsequenz hat das Wissen um den eigenen Tod für das Handeln des einzelnen Menschen? Vielleicht zuallererst die Einsicht, dass man eilen muss. Dass man keine Zeit verschwendet. Dann, dass man nicht alles, was man will, auch schaffen kann. Menschenwerk ist Stückwerk. Der Optimismus des Römers Seneca, dass man auch in der Kürze des Lebens alles schafft, was man sich vorgenommen hat, macht sicherlich Mut – entspricht aber nicht so ganz der Alltagserfahrung. Da bleibt doch vieles unerledigt: Alle Fotografien zu ordnen und zu beschriften, im Garten den halberfrorenen Pflaumenbaum doch noch einmal zum Blühen zu bringen, das Wohnzimmer noch schöner zu gestalten, doch noch einmal Schützenkönig oder Karnevalsprinz zu werden. Mit dem Kegelverein alle europäischen Hauptstädte zu besuchen (und nicht nur die größten) … Wünsche und Lebensträume gibt es viele. Würden wir unendlich lange leben, könnten wir sie uns alle erfüllen. Wir hätten alle Zeit der Welt. Aber unsere Endlichkeit bedingt, dass wir zumeist nur Stückwerk abliefern. Wir könnten immer alles noch besser machen, wenn wir mehr Zeit hätten. Wenn wir endlos Zeit hätten. Gleichwohl versuchen wir, alles perfekt zu machen.

Wir suchen immer nach dem Besseren

Wie oft haben wir den ersten Liebesbrief geschrieben, weil er uns immer noch nicht gut genug war? Doch als wir ihn *endlich* in einem gefütterten Briefumschlag verstaut und diesen mit einer hübschen Sondermarke beklebt und in den Briefkasten geworfen hatten, fiel uns ein noch schöneres Kompliment ein.

Wenn wir etwas sagen, dann wollen wir es richtig sagen. Wir reden dann immer weiter, bis wir glauben, es nun richtig gesagt zu haben. In dem Roman „Die Pest" (1947) schildert sein Autor Albert Camus (1913–1960) einen Schriftsteller, der nie über den ersten Satz seines neuen Romans hinwegkommt, weil er ihn perfekt machen möchte. Eine Textaufgabe, die er nie im Leben lösen wird. Ihm gelingt dieser perfekte erste Satz nicht. Aber er hat ihn immerzu versucht.

Wir haben in den 50er-Jahren an flimmernden Fernsehern gesessen, um bei Krönungen, Katastrophen und Kunst dabei zu sein. Man konnte auch fast alles erkennen. Außer bei bedecktem Himmel, Regen und Schneefall. Und bei atmosphärischen Störungen. Den Technikern war das nicht genug. Sie verbesserten zuerst das Bild, dann schafften sie es, Bilder in Farbe auf die Mattscheibe zu zaubern, dann kam die HD-Technik auf, die Bilder zeigt, so scharf wie, ja schärfer als die Wirklichkeit …, und jetzt gibt es 3D-Fernseher.

Eine notwendige Voraussetzung

Alle Verbesserungen setzen die Gewissheit voraus, dass es etwas Besseres *geben* könnte. Nur: Woher kommt diese Gewissheit? Woher wissen wir, dass es einen vollkommenen Kreis geben könnte, wenn wir noch nie einen vollkommenen Kreis in der Wirklichkeit gesehen haben?

Woher wissen wir, dass es Sittlichkeit gibt, wenn wir noch nie eine vollständig sittliche Handlung erlebt haben?

„Dies Bildnis ist bezaubernd schön, / Wie noch kein Auge je gesehn!" heißt es in Wolfgang Amadeus Mozarts (1756–1791) Oper „Die Zauberflöte" (1791) über die Prinzessin Pamina. Aber woher wissen wir, was ein schönes Bild ist, wenn noch „kein Auge" je ein perfektes Bild gesehen hat? Warum haben wir eine Vorstellung davon, dass etwas überhaupt schön sein könnte? Warum haben wir einen Zweifel daran, dass das, was Menschen bisher gemacht haben, das Beste ist, was Menschen je machen können? Woher kommt dieser Zweifel?

Nun könnte man antworten: Wir sehen aus der Geschichte, dass alles besser wurde – und daher ist anzunehmen, dass es auch künftig besser werden kann. Aber kann man das Bessere nicht immer nur dann erkennen, wenn es einen Maßstab für das gibt, was besser und was schlechter ist? Woher kommt dieser Maßstab, wenn nicht aus der Vorstellung eines Allerbesten? Doch dieses Allerbeste wird es nie geben, weil die Geschichte zeigt, dass immer alles zu verbessern gewesen ist.

Wieso wollen wir dann etwas verbessern, wenn wir das letzte Ergebnis des Besten gar nicht kennen und nie erfahren werden? Ist das nicht irrational? Es gibt keinen rationalen Grund, warum wir daran zweifeln, dass das bisher Beste nicht auch endgültig das Beste ist. Leben nicht unsere Geschichte, die Geschichte aller Kulturen, aller Völker, von diesem Glauben daran, dass man es immer noch ein wenig besser machen könnte als bisher? Und ebenso wenig, wie unser Glaube an das Bessere je aufhören kann, setzt er doch etwas voraus, was wir nie sehen oder erleben werden: das unverbesserbar Beste.

Wir leben mit einer nicht erfahrbaren, aber zugleich unabweisbaren Voraussetzung.

Bloß keine Utopien!

In *jedem* Menschen wirkt diese Vorstellung von der Vollkommenheit. Nicht das vollkommene *Bild*. Nicht ein Abbild des Vollkommenen, eine Utopie oder gar „best practice". Das mögen sich phantasievolle Animateure ausdenken! Welche Anmaßung! Zuweilen ließen sich Philosophen sogar animieren.

So hat Platon (427–347) sich einen idealen Staat ausgedacht, in dem die Philosophen herrschen. (Und was beherrscht die Philosophen?)

Der englische Parlamentarier Thomas Morus (1478–1535) hat sein „Utopia" (1516) im Nirgendwo angesiedelt, einem „Nicht-Ort" (aus altgriechisch οὐ- („nicht-") und τόπος („Ort"). Kein Ort. Nirgends. Denn die hiesigen Verhältnisse, die sind nicht so. Wie aber gelangen wir von unseren Verhältnissen zu jenem Nichtort?

Die Sonnenstadt „La città del sole" (1602) des politisch verfolgten Tommaso Campanella (1568–1639) lag außerhalb von Europa – wo wir regenmüden oder verstädterten Europäer immer alle Paradiese glaubten, jedenfalls so lange, bis wir dorthin fuhren.

Das „Nova Atlantis" (1627) von Francis Bacon (1561–1626), einem Wissenschaftstheoretiker, schildert eine Elite, die den übrigen Menschen sagt, wo es langgehen soll. Die Herrschaft der Technokraten.

Dies sind nur die berühmtesten Utopien. Beim Lesen merkt man, dass das angeblich so Utopische erstens so weit vorausgedacht nicht war (sondern doch sehr deutlich vom Zeitgeist bestimmt). Und dass es daher zweitens, im Lichte privater Vorlieben betrachtet, so wünschenswert auch nicht wäre, wenn man die Utopien verwirklichen würde.

Das, was ich meine, ist nicht ein Bild von einem Vollkommenen, sondern die Vorstellung, dass es Vollkommenes geben muss, wenn wir das Bessere suchen. Die Vorstellung von der Notwendigkeit des Vollkommenen.

Eine ganz kurze Theorie der Voraussetzung

Wir Menschen sind unfähig, das Vollkommene zu denken. Wir müssen es gleichwohl voraussetzen. Wir brauchen schließlich ein Kriterium, das uns erkennen lässt, dass das Veränderte auch etwas verbessert hat. Inwiefern ist der Farbfernseher gegenüber dem Schwarz-weiß-Fernseher eine Verbesserung? Weil er realistischere (oh, was für ein Komparativ!) Bilder der Welt zeigt. Ist also Realismus das Bessere? Wer so antwortet, setzt einen endgültigen Maßstab voraus: Realismus. Wie begründet er ihn?

Jede Verbesserung setzt, bis ans Ende verfolgt, eine Idee des Besten voraus. Wie aber sollten wir das Beste beschreiben, wenn menschliches Denken immer nur Stückwerk ist? Kein Mensch ist vollkommen.

Inwiefern ist die Gleichberechtigung aller Menschen klüger als eine Ständegesellschaft? Weiß jemand, wie die gerechte Welt aussieht? Ist jemand so weise, dass er alles weiß? Und doch setzt er bei jeder Abstimmung über ein besseres Gleichberechtigungsgesetz voraus, er wisse alles und sei so weise. Wie kann das zusammenpassen? Suchen wir Hilfe bei den Griechen. Nach Platons Überlieferung sagt Sokrates zu seinem Gesprächspartner Phaidros:

„Jemand einen Weisen zu nennen, guter Phaidros, scheint mir etwas Großes zu sein und Gott allein zu gebühren: aber einen Freund der Weisheit oder dergleichen etwas möchte ihm selbst angemessener sein und auch an sich schicklicher."

Wir machen beim Denken Voraussetzungen, die wir gar nicht erkennen können. Wir setzen immer etwas Vollkommenes voraus, das wir allerdings nie beschreiben können.

Nun beschäftigt sich – worauf Sokrates hinweist – ein ganz bestimmtes Wissensgebiet mit der Idee des Vollkommenen, nämlich das Wissensgebiet der Religion. In vielen Konfessionen werden Geschichten darüber erzählt, die zeigen sollen, dass es dieses Wahre, Gute und Schöne *gibt* und von den Göttern verwaltet oder aber von Gott repräsentiert wird. Das Göttliche wäre der Platzhalter für etwas, was noch kein Auge je gesehen, kein Ohr je gehört …, was wir aber immer voraussetzen, wenn wir etwas verbessern wollen. Es ist die *Idee der Vollkommenheit*, des vollkommen Wahren, Guten und Schönen.

Religion ist das Glauben an die Vollkommenheit – und reflektiert zudem, welche Konsequenzen die Vorstellung einer nie erfahrbaren, sondern geglaubten Vollkommenheit für unser Leben hat. Vollkommenheit ist aber nur ein anderes Wort für … Gott.

Geschichten eines Vergnügungssüchtigen

Ich will diesen Gedanken an einem historischen Beispiel erläutern. Der berühmte und große Kirchenvater Augustinus (354–430) berichtet in seiner Autobiografie, dass er in seiner Jugend so gar nicht nach den Regeln gelebt hat, die man bei einem Christenmenschen erwarten würde. Bei ihm ging's nach eigenen „Bekenntnissen" recht freizügig zu, wild und trinkfreudig. In seiner Clique wurde gescherzt und gebechert, geliebt und betrogen. Nach allen Prognosen der empirischen Sozialforschung hätte Augustinus zu einem Wüstling und Alkoholiker werden müssen, der bei Bedarf an die römischen Götter glaubt und sich's bis zum Delirium gut gehen lässt. Aber er wurde 396 Bischof von Hippo (einer nordafrikanischen Stadt im heutigen Algerien) und war zur Zeit des Untergangs des Römischen Reiches einer der bedeutsamsten Philosophen und Religionstheoretiker. Das hat ihn selbst erstaunt.

Weil ihm sein Erstaunen keine Ruhe ließ, formulierte er als einer der ersten Sozialphilosophen jene Frage, die dann die spätere Sozialforschung schier zur Verzweiflung getrieben hat: Wie ist im Falschen das Richtige möglich?

(Der Frankfurter Sozialphilosoph Theodor W. Adorno [1903–1969] hat einige Untergänge später den dann gern zitierten Satz formuliert: „Es gibt kein richtiges Leben im Falschen." Da hätte Augustinus gegengehalten: „Es gibt richtiges Denken im falschen Leben!" und seine „Bekenntnisse" [397–401; immerhin 400 Taschenbuch-Seiten] als geradezu empirischen Gegenbeleg aufs Lesepult gehievt ..., und er hätte Adorno sicher gerne gefragt, ob dann jenes Leben so ganz falsch gewesen sei, bei dem zumindest richtig gedacht worden wäre.)

Die Biographie von Augustinus ist bildungstheoretisch hochbedeutsam und theologisch hilfreich: Werden wir nur in eine bestehende Gesellschaft hineinsozialisiert? Werden wir nur so, wie alle schon sind? Karl Marx (1818–1883) und Friedrich Engels (1820–1895) hatten ja geschrieben: Die herrschende Pädagogik sei die Pädagogik der Herrschenden. Das Falsche reproduziert das Falsche. Input gleich Output.

Aber wieso ändert sich dann die Geschichte? Wie kommt das Neue in die Welt? Warum bildeten sich in den autoritären Schulen des deutschen Kaiserreichs jene demokratischen Männer und Frauen, die die Weimarer Republik ausriefen? Warum wurde die Bundesrepublik von jenen Frauen und Männern in die Demokratie und zur Europäischen Union geleitet, die im schlimmsten Nationalismus und Nationalsozialismus zur Schule gegangen waren? Warum wehrte sich gerade jene Generation gegen das System DDR, die im System der DDR-Schulen fürs Leben gelernt hatte?

Diese Fragen sind sicher nicht monokausal zu beantworten, sondern nur aus vielen Perspektiven zu betrachten. Ich will daher nur den Fall Augustinus zu Ende erzählen. Vielleicht regt die Erzählung zum kreativen Transfer an.

Auch Augustinus spielte Antworten auf die Frage durch, warum er im Falschen zum Richtigen gebildet wurde: Er führt zuerst die gängigen Antworten an, nämlich dass es auch im Falschen richtige Ansätze gäbe; dass auch das Falsche formal zu jenen Kompetenzen ausbilde, mit denen dann das Richtige gedacht werden könne. Und überhaupt: Vielleicht war alles nur Zufall?

Aber all das überzeugte ihn nicht. Wie hätte er im ganz Falschen wissen können, was sich später als das Richtige herausstellen würde? Im Nachhinein mögen pfiffige Historiker sicher nachweisen können, dass Platons Philosophie die christliche Religion vorbereitet hatte, aber woher sollte Augustinus das zu jenem Zeitpunkt wissen, als er das Christentum noch nicht kannte? Und wenn er am Falschen auch jene Kompetenzen ausbilden konnte, die für das Richtige bedeutsam sind: Woher wusste er dann später, was das Richtige ist?

Augustinus verwirft also die üblichen Antworten, die der kulturellen Bildungstheorie, die der formalen Bildungstheorie, und kommt zu dem Ergebnis: Mich hat allein die Suche nach Wahrheit gerettet. Heilsam war mein Zweifel daran, dass das Faktische schon das Gültige sei.

Aber woher diese Suche, diese Sucht nach dem Wahren, dem Guten und Schönen komme, das ließe sich biographisch nicht begründen. Augustinus nennt diese Suche daher die Bildung am Nicht-Faktischen, am Göttlichen. Sie sei jedem Menschen zu eigen. Der Grund für die Suche liege nicht in der zufälligen Autobiographie, sondern in der Betrachtung des Lebens unter dem Gesichtspunkt von Wahrheit und Sittlichkeit – dem Vollkommenen, also dem Göttlichen.

Es gibt das Gute

Was das Richtige und Gute und Schöne ist, vermag keine Konfession zu sagen (und sie wäre gut beraten, sich bei solchen Aussagen auch stark zurückzuhalten). Aber *dass* alles, was wir suchen, wahr, gut oder schön sein *soll*, das ist motiviert durch einen unbeweisbaren Glauben daran, dass es solches *gibt* und es *sinnvoll* ist, danach zu streben.

Nicht die Vorstellung vom Guten ist das Religiöse am Guten, sondern der Glaube daran, dass es dieses Gute *gibt* und es sinnvoll ist, es anzustreben. Nicht die Vorstellung des Wahren ist das Religiöse am Wahren, sondern der Glaube daran, dass es diese Wahrheit *gibt* und es sinnvoll ist, sie zu suchen. Und nicht die Vorstellung des Schönen ist das Religiöse am Schönen, sondern der Glaube daran, dass es vollkommen Schönes *gibt* und es sinnvoll ist, es zu versuchen.

Die Vorstellung eines Perfekten, das es nie in der Welt geben wird und dennoch angestrebt werden soll, das scheint mir der Grundgedanke der Religion zu sein: der Sog des höchsten Guts. Keiner hat es je formuliert oder gar verwirklicht, und doch streben wir alle es an. Immer. Zu jeder Zeit. Davon lebt eine Gesellschaft.

Das, was alle Menschen wollen

Wenn die Motivation, immerzu nach der Idee des vollkommenen Lebens zu suchen, nach der Wahrheit, der Sittlichkeit und der Schönheit, kurz: nach Vollkommenheit, ein Kennzeichen der Religion ist, dann sind in diesem Sinne alle Menschen religiös – auch die, die es gerne nicht wären oder bestreiten.

Es geht mir wieder gar nicht um das Wort „religiös". Es geht *nicht* darum, auch diejenigen der Religiosität zu überführen, die sie ablehnen. Das wäre Psychoterror und widerspräche – wie wir noch sehen werden – dem Anspruch religiöser Bildung.

Es geht mir darum aufzuzeigen, dass ein Grundgedanke der Religion in allen Menschen wohnt: das Motiv, nach dem vollkommenen Leben zu suchen. Die Sehnsucht nach dem Richtigen. Der Wunsch, dass der nächste Satz gelingt. Dieser Wunsch setzt das Vertrauen darauf voraus, dass der nächste Satz gelingen könnte und sollte. Das Bemühen, im Kriminalroman den wahren Täter zu finden, weil man als Detektiv daran zweifelt, dass es der ist, den die Polizei schon am nächsten Tag präsentiert. Der Versuch, die gerechtere Partei zu wählen. Der Versuch, den richtigen Partner fürs Zusammenleben zu finden – und nicht nur den nächsten. Die Überlegung, wie man ein gutes Verhältnis zu Kindern aufbaut. Das Bemühen, das Wohnzimmer schön einzurichten. Der Neukauf eines TV-Gerätes, um ein besseres Bild der Welt zu bekommen. Kurz: der Zweifel daran, dass das, was ist, schon gut ist. Die Hoffnung darauf, dass alles besser werden könnte, weil man weiß, dass es dieses Bessere gibt.

Wir setzen diese Überzeugung vom Besseren *immer* stillschweigend voraus. Das *Aussprechen dieses stillschweigend Vorausgesetzten*, das wäre Religion. Die Überzeugung, dass die Geschichte ein „happy end" haben wird. Wenn wir daran nicht fest glaubten, bräuchten und würden wir nichts verbessern. Dann bräuchten und würden wir nicht mal den Küchenabfall zum Müllcontainer raustragen. Man kann auch formulieren: „Das Recht siegt über den Frevel, / Wenn es zum Ende kommt." Dies schreibt voller Gewissheit der griechische Dichter, Ackerbauer und Viehzüchter Hesiod (um 700 v. Chr.).

Die durch nichts begründete und durch alle historische Erfahrung widerlegte Hoffnung darauf, dass es besser und gerechter wird auf der Welt, das ist es, was die Religion im Hauptprogramm hat: die verwegene und immer wieder durch den Lauf der Geschichte enttäuschte Hoffnung auf das Gelingen. Ohne diese Hoffnung wäre ein Folterkeller genauso gut wie ein Luxusappartement.

Diese absolute Vorstellung können wir nicht löschen. Niemand will für sich das Schlechte. Niemand will, dass es schlechter wird. Wir wissen aus der jüngsten Vergangenheit, dass die Hölle auf Erden möglich ist ..., hier bei uns, auf dem Boden, auf dem wir leben. Die Hölle ist nicht anderswo. Die Hölle ist hier möglich. Die Hölle, das können wir sein. Aber niemand sehnt sich danach. Wir bemühen uns, diese Hölle zu verhindern. Aller Erfahrung nach wird uns das nicht gelingen. Und dennoch versuchen wir es. Den Antrieb dazu gibt die Religion.

4. Was ist der Sinn von all dem, was wir täglich tun?

Johannes Mario Simmel (1924–2009), ein Unterhaltungsschriftsteller, der sich immer als Moralist verstanden hatte, schildert in einem seiner Bestseller eine grausame Folter in einem Straflager: Die Häftlinge werden gezwungen, einen riesigen Sandberg von einer Ecke des Lagers in eine andere Ecke zu schaufeln. Wenn sie fertig sind und Hunderte von schweren Karren im Schweiße ihres Angesichts in die angewiesene Ecke geschoben haben, wenn sie völlig erschöpft und hungrig sind, an entzündeten und wunden Händen und Füßen leiden, werden sie gezwungen, den Sandberg wieder in die andere Ecke zu schaffen. Und das wochenlang. Hin und wieder zurück. Und wieder hin. Eine unendliche Qual für die Häftlinge, denn die körperlichen Qualen werden durch die Sinnlosigkeit der Arbeit noch gesteigert. Ohne Sinn zu handeln ist ein grenzenloser Schmerz. Es ist eine der tiefsten Demütigungen, jemanden zu einer sinnlosen Handlung zu zwingen.

Nicht Rechtfertigung – aber Hoffnung

Qualen ohne Sinn sind unerträglich. Einmal als körperliche Qualen und dann, weil wir uns „für nichts" gequält haben. Ohne eine Antwort auf die Frage nach dem Sinn unseres Tuns wird sogar *alles* Handeln zur Qual.

Aber wenn es einen Sinn gibt, dann nehmen wir selbst Qualen in Kauf, um diesen Sinn einzulösen. Friedrich Schiller (1759–1805) hat einmal darauf hingewiesen, dass die Weltgeschichte aus nichts anderem besteht als aus diesen Qualen. Aber dass diese Qualen plötzlich einen Sinn bekommen hätten, weil sie nicht vergeblich erlitten wurden:

„Unser *menschliches* Jahrhundert herbeizuführen haben sich – ohne es zu wissen oder zu erzielen – alle vorhergehenden Zeitalter angestrengt. Unser sind alle Schätze, welche Fleiß und Genie, Vernunft und Erfahrung im langen Alter der Welt endlich heimgebracht haben. Aus der Geschichte erst werden *Sie* lernen, einen Wert auf die Güter zu legen, denen Gewohnheit und unangefochtener Besitz so gern unsre Dankbarkeit rauben: kostbare teure Güter, *an denen das Blut der Besten und Edelsten klebt,* die durch die schwere Arbeit so vieler Generationen haben errungen werden müssen! Und welcher unter Ihnen, bei dem sich ein heller Geist mit einem empfindenden Herzen gattet, könnte dieser hohen Verpflichtung eingedenk sein, ohne dass sich ein stiller Wunsch in ihm regte, an das *kommende* Geschlecht *die Schuld zu entrichten*, die er dem vergangenen nicht mehr abtragen kann? Ein edles Verlangen muss in uns entglühen, zu dem reichen Vermächtnis von Wahrheit, Sittlichkeit und Freiheit, das wir von der Vorwelt überkamen und reich vermehrt an die Folgewelt wieder abgeben müssen, auch aus *unserm* Mitteln einen Beitrag zu legen und an dieser unvergänglichen Kette, die durch alle Menschengeschlechter sich windet, unser fliehendes Dasein zu befestigen. Wie verschieden auch die Bestimmung sei, die in der bürgerlichen Gesellschaft Sie erwartet – etwas dazu steuern können Sie alle! Jedem Verdienst ist eine Bahn zur Unsterblichkeit (!) aufgetan, zu der wahren Unsterblichkeit, meine ich, wo die Tat lebt und weiter eilt, wenn auch der Name ihres Urhebers hinter ihr zurückbleiben sollte."

Es wäre sicherlich unmoralisch, die Qualen der Menschen als Preis für den Fortschritt nachträglich zu rechtfertigen. Es wäre an Zynismus kaum zu überbieten, wenn man den unfassbaren Qualen der Opfer des Holocaust einen guten Sinn für den Fortschritt der Menschheit unterstellen würde. Aber umgekehrt betrachtet mag es einen gequälten Menschen trösten, wenn er erfährt, dass seine Folterknechte bestraft wurden und die Folter künftig geächtet wird. Das Recht siegt über den Frevel, wenn es zum Ende kommt. Für Nelson Mandela (1918–2013) wird es einen Unterschied bedeutet haben, dass er nicht *in* der Haft und *unter* dem Apartheid-System Südafrikas gestorben ist, gegen das er gekämpft hat, sondern dass er erlebt hat, wie dieses System untergegangen ist und er es überstanden hat. Die Qual der Haft ist dadurch nicht gelöscht. Aber sie mag nicht vergeblich gewesen sein. Das Leben *insgesamt* war sinnvoll.

Die Religion tröstet die, die gelitten haben und leiden. Sie rechtfertigt Leid nicht, vertröstet nicht auf das Jenseits: Das Paradies muss man sich im Diesseits erarbeiten. Das ist die erste Botschaft aller Religion. Die zweite Botschaft der Religion lautet: Blicke vom Ende aller Zeiten auf dein Leben und verzweifele trotz der Qualen nicht, denn am Ende siegt das Gute.

Ein Märchendetektiv und sein Erfolgsgeheimnis

In Ludwig Bechsteins (1801–1860) Märchen vom *Hirsedieb* ist diese Bedeutung der Religion in ein einfaches Bild gebracht. Ein Bauer entdeckt, dass jeden Morgen ein Teil seines Hirseackers zerstört und abgeerntet ist. Das ist lebensbedrohlich, denn ohne genügend Hirse übersteht er den langen Winter nicht. Also bittet er seine drei Söhne, den Dieb zu fassen. Die ersten beiden Söhne statten sich mit Waffen aus, verbergen sich hinter einem Gebüsch und wollen beobachten, wer in der Nacht die Hirse stiehlt. Aber sie schlafen vor Müdigkeit ein ... und wieder ist mehr von der Hirse gestohlen. Der jüngste Sohn macht es anders. Er stattet sich nicht mit Waffen, sondern mit Dornen aus. Dann verbirgt er sich ebenfalls hinter dem Gebüsch. Aber immer, wenn er einzunicken droht, stößt er an die Dornen, deren kleine Stiche ihn wach halten. So aufgeweckt, kann er beobachten, dass ein Pferd in der Nacht den Acker abgrast und dabei zerstört. Er fängt das Pferd ein – und die Not hat ein Ende. Der Lohn ist die Entführung in ein himmlisches Schloss ... und das ewige Leben. Hier ist in einem einfachen Bild ausgedrückt, dass es sinnvoll sein kann, seine *unmittelbaren* Bedürfnisse, ja sein Wohlbefinden kurzfristig aufzugeben, um langfristig einen Erfolg zu haben. Es macht Sinn, eine Nacht nicht zu schlafen und an Müdigkeit zu leiden, weil man dadurch erreicht, für eine viel längere Zeit versorgt zu sein. Religion, so könnte man sagen, ist die Erinnerung daran, dass es Sinn macht, sich zu bemühen.

Handlungszwecke und Handlungssinn

Braucht man für diese allgemeinmenschliche Einsicht „Religion"? Ich will die Argumente dafür kurz darlegen.

Die Handlungstheorie unterscheidet einen Handlungs*zweck* und einen Handlungs*sinn*. Der Handlungszweck ist das mit einer Tätigkeit direkt angestrebte Ziel: Wir putzen die Wohnung und beenden diese Handlung, wenn die Wohnung gereinigt ist. (Man spricht auch von „Zweckrationalität", meint also jene Rationalität, die einen Zweck ausweist und das geeignete Mittel dafür sucht.) Die Tätigkeiten sind manchmal nicht sehr angenehm: Staubsaugen, Waschen, Scheuern, Wischen ..., ich jedenfalls mache all das nicht gerne, schon gar nicht, wenn die Alternative wäre, mit meiner Frau durch die Stadt zu bummeln, schöne Auslagen in den Schaufenstern anzuschauen und fein essen zu gehen. Aber dennoch wählen wir beide die vorerst schlechtere Alternative: die Toilette reinigen, statt durch die Stadt zu bummeln. Staubflocken aufsaugen, statt Frühjahrsmode anzusehen. Den Boden scheuern, statt Mousse au Chocolat zu essen. Wir nehmen die Langeweile des Putzens auf uns, weil wir einen langfristigen Sinn darin sehen: Wir schonen unsere Wohnung und Möbel; wir erhalten unsere Gesundheit, vermeiden Allergien oder hygienebedingte Krankheiten, die uns mehr quälen als das „Leiden" beim Putzen. Aber nun könnte sich folgender Dialog abspielen:

> Warum reinigst du die Wohnung?
> Damit sie sauber wird.
> Warum soll sie sauber sein?
> Damit wir gesund bleiben.
> Warum wollt ihr gesund bleiben?
> Weil es besser ist, gesund und gut zu leben als schlecht und krank.
> Warum ist es besser, gut zu leben als schlecht zu leben?

Spätestens bei dieser Frage gerät man ins verlegene Stocken. Kann man auf die Frage „Warum ist es besser, gut zu leben als schlecht zu leben?" überhaupt noch sinnvoll antworten? Warum wollen wir gut leben? Die Antwort eröffnet einen Teufelskreis: Man will gut leben, weil es guttut, gut zu leben.

Wir stoßen hier an eine Grenze. Man kann die Frage nach dem „Wozu" (die sich hinter dem alltagssprachlichen „Warum" verbirgt) zwar eine Weile lang stellen, aber irgendwann wird man ungeduldig. Wann kommt denn nun die letzte Antwort, jene, die man nicht mehr in Frage stellen kann mit einem „Warum?" oder „Wozu?". Irgendwann müssen wir doch zu einer Antwort kommen, die man nicht noch einmal befragen kann:

Wir handeln sittlich, weil wir es können? Ja, aber wir können auch unsittlich handeln … Das also wäre keine Antwort.

Warum handeln wir sittlich? Weil es sittlich ist, sittlich zu handeln. Das überzeugt nicht gerade sehr, weil es einen Zirkelschluss bildet, der keine Antwort gibt.

Die Frage nach dem Sinn unseres Tuns stößt an eine Grenze, und immer weiter gestellt, werden die Fragen end- und damit sinnlos.

Sollte man vielleicht Fragen, die man nicht beantworten kann, besser erst gar nicht stellen? Aber sie stellen sich doch! Antwortete man Kindern auf die Frage: „Und wozu steigen wir jetzt auf den Berg?" mit „Keine Ahnung!", wäre das wenig motivierend. Wir brauchen also eine letzte Antwort.

Wir müssen den Antworttypus ändern

Wir können diese Frage nach dem „Wozu" nur sinnvoll stellen und abschließend beantworten, wenn wir eine Antwort finden, die wir nicht noch einmal auf ihre Sinnhaftigkeit hin befragen können.

Wir müssen den Typ der Antwort ändern.

Es gibt ein schelmisches Gedicht von Johann Wolfgang von Goethe (1749–1832), das die Zirkelhaftigkeit dieses Frage-und-Antwort-Spiels zuerst aufzeigt und dann aber durchbricht. Vielleicht können wir etwas aus dieser „Katechisation" (so lautet der Gedichttitel) lernen.

> *Lehrer:* Bedenk, o Kind! woher sind diese Gaben?
> Du kannst nichts von Dir selber haben.

(Ich unterbreche den Unterricht mal kurz! Die Zielrichtung der Lehrerfrage ist klar: Der Lehrer will auf sokratische Weise eine religiöse Antwort erzwingen, er betreibt eine „Katechisation". Warten wir mal ab, was geschieht. Immerhin befragt er ein Kind:)

> *Kind:* Ei! alles hab ich vom Papa.
> *Lehrer:* Und der, woher hat's der?
> *Kind:* Vom Großpapa.

(Stopp! Ich unterbreche noch einmal: Die ganze Sache scheint nun doch noch in eine für den Lehrer günstige Richtung zu laufen. Wenn er weiterfragt, und das Kind wie bisher antwortet, kommt nun als Antwort der Papa vom Großpapa, dann dessen Großpapa und – um es abzukürzen – am Ende stehen Adam und Eva, und die kommen aus Gottes Hand … Schauen wir, was passiert:)

> *Lehrer:* Und der, woher hat's der?
> *Kind:* Vom Großpapa.

(Oje, das kann dauern! Der Lehrer wird ungeduldig.)

Lehrer: Nicht doch!
Woher hat's denn der Großpapa bekommen?
Kind: Der hat's genommen.

Kindermund tut wieder mal Wahrheit kund – und der voreilige Lehrer hatte nicht bedacht, wie eigensinnig ein kluges Kind antworten kann. Lassen Sie uns noch ein wenig mit diesem Ausschnitt aus einer Reality-Show arbeiten:

Deutlich wird: Die Frage nach dem „Woher?" lässt sich biologisch und historisch nicht beantworten. Immer wieder könnte man weiterfragen. Die empirischen Wissenschaften kämen mithin an keinen Anfang für menschliches Handeln. Jedenfalls an keinen anderen als das Kind. Irgendjemand muss den Anfang gemacht haben.

Goethe lässt nun das Kind seine eigene Antwort auf die Frage geben: Der Ursprung von allem liegt in der Eigenmächtigkeit des Individuums.

Was ist der Grund?

Mehreres scheint mir daraus zu lernen zu sein.

Erstens: Wenn wir nach dem Grund und nach der Begründung fragen, geraten wir recht bald in einen unendlichen Regress. Denn jede Antwort kann wieder mit einem „Wozu?" und einem „Warum?" in Frage gestellt werden.

Zweitens: Um eine „*end-gültige*" Antwort zu finden, muss man aus dem Denkschema, aus dem – wie man sagt – „Paradigma" springen, wie das Kind es tut. Der Modus „Kausalität" führt hier nicht weiter. Bis zu einer ganz genau bestimmbaren Stelle hat der Modus gut und sicher geführt. Nun versagt sein Dienst. Das kann man ganz vernünftig feststellen. Das Kind ahnt diesen Mechanismus und setzt etwas, was nicht wieder in Frage zu stellen ist: Der hat's genommen. Man „muss" herausspringen aus dem immer weitergeführten Fragen …, dieser Gedankenschluss ist nicht nur möglich, sondern zwingend.

Solange man eine Antwort im Denkschema (im „Paradigma") der vernünftigen Argumentation sucht, wird man das Fragen nicht beenden können … und man wird ohne Antwort leben …

Eine erste Antwort auf die Frage nach dem letzten Sinn

Moment: Wäre das vielleicht die Lösung? Wir beantworten die Frage nach dem letzten Sinn einfach nicht! Wir brechen die Befragung ab. Der Zeuge wird entlassen. Er hat seine Schuldigkeit getan. Die Vernunft kann gehen. Wir kapitulieren vor unserer eigenen Vernunft.

Diese Kapitulation freilich widerspricht genau der Haltung, aus der unser Fragen doch entstanden ist: Das Ziel der Frage lag ja darin, *Vernunftgründe* zu suchen und anzugeben und nur Vernunftgründe zuzulassen. Wir können schlecht – und ohne inkonsequent zu sein – bei allem Handeln auf Vernunft bestehen (Handlungszweck!) und dann bei der alles entscheidenden Frage nach dem letzten Grund (auf dem alles aufgebaut ist) eine Antwort verweigern. Das wäre nicht vernünftig. Wir würden dann nämlich, bei aller Zweckrationalität im Einzelnen, *insgesamt* unvernünftig handeln. Wir würden uns um Begründungen bemühen, teure Wissenschaften auffahren, die die Handlungszwecke ausweisen, erforschen und regeln; aber bei der Frage, wozu wir das alles eigentlich tun, würden wir wie Goethes Kind antworten: Wir machen es eben. Basta! Wir wissen nicht wozu, aber wir tun's.

Ein solcher Umgang mit Problemen unterläuft unseren zivilisatorischen Standard und unser aufgeklärtes, nachmetaphysisches Denken. Man kann das Denken nicht einfach abstellen!

Was können wir noch anlässlich der zitierten „Katechisation" denken?

Drittens die Beruhigung, dass unsere Vernunft, unsere Zweckrationalität doch recht weit reicht. Darauf können wir uns verlassen. Dann aber,

viertens, dass genau an der Stelle, an der es um den Zweck aller Handlungszwecke geht, um den Zweck aller Zwecke, um den *Sinn* all unserer Handlungen, die Vernunft nicht weiterkommt ..., und zwar deshalb nicht, weil jeder Vernunftgrund wieder befragt werden kann. Diese Stelle ist erreicht, wenn wir fragen, wozu wir nach Wahrheit suchen wollen. Diese Stelle ist auch erreicht, wenn wir fragen, wozu wir sittlich leben wollen.

Bis zu dieser Stelle reicht unsere zweckrationale Vernunft. Die Fragen nach „richtig" und „falsch" und die Frage nach „gut" und „böse" können wir Menschen mittels Vernunft beantworten. (Warum wir freilich dazu die Vernunft benutzen sollen, ist auch schon wieder ein Problem. Dafür gibt es keinen guten, das heißt vernünftigen Grund. Denn er würde bemühen, was doch in Frage steht: die Vernunft. Aber lassen wir diese Frage an dieser Stelle ruhen.) Wissen und Haltung, Wissenschaft und Moral (im Leben, in der Politik) unterliegen zuerst der Vernunft, der vernünftigen Argumentation, die *allein* durch Überzeugung nötigt. (Wir sind doch aus Vernunftgründen gegen die Todesstrafe und nicht irgendwie, weil wir so ein Gefühl haben.) Man muss Gründe angeben für sein Tun. Die anderen müssen diese Gründe verstehen, und sie müssten sie, an unserer Stelle, *genauso akzeptieren*. Aber *wozu* wir moralisch handeln, wozu wir gut leben wollen, das erschließt sich nicht mit Vernunft. Wir tun's eben, sagt Goethes Kind.

Aber es ist die Lösung eines Kindes! Wir jedoch sind erwachsen und können das Denken nicht einfach abbrechen, wenn wir keine Lust mehr haben. Was also tun? Wie bestimmen wir den Sinn aller Handlungssinne?

Eine zweite Antwort auf die Frage nach dem letzten Sinn

Bei Goethes Ur-Ur-Großpapa ist es die Setzung des autonomen, freien, über sich selbst verfügenden Subjekts: „Ich hab mein Sach' auf Nichts gestellt", heißt es in einem anderen Gedicht Goethes. Bei Goethe ist es die Vorstellung der nur auf sich selbst gestellten Persönlichkeit: Wie ein absoluter Herrscher sitzt die Person kraft Selbstermächtigung auf dem obersten Richterstuhl (ganz oben auf dem Turm zu Babel oder dem Olymp) und bestimmt das, was als Begründung für alles Handeln gilt. Sinn ist, was ich als Sinn ausweise. Punkt.

Punkt?

Moment! Woher weiß ich denn, was für mich sinnvoll ist?

Schon allein diese Frage zu stellen, setzt voraus, dass ich es als *sinnvoll* erachte, diese Frage zu stellen. Aber erst wenn ich sie beantwortet *habe*, könnte ich sie redlicherweise stellen. Hier lauert ein schlimmes Paradox. Vielleicht können wir es freilegen.

Woher wusste der Ur-Ur-Großpapa, was er nehmen sollte? Der Angebote waren sicher viele. Woher wissen wir, was letztlich sinnvoll ist? (Bitte vergessen Sie das „letztlich" nicht! Warum es sinnvoll ist, die Zähne zu putzen, weiß man spätestens, wenn man der Knoblauchwolke des Sitznachbarn im Kino begegnet. Mir geht es nicht um Handlungszwecke, sondern um den *Sinn aller Handlungszwecke*. Es geht mir um den *letzten* Handlungssinn am Ende aller Begründungen, so, wie ich es oben ausgewiesen habe.) Woher bekommen wir den Sinn, der uns zu *allem* antreibt?

Eine dritte Antwort auf die Frage nach dem letzten Sinn

Wäre die folgende Behauptung eine gültige Antwort: Wir finden einen letzten Sinn immer schon vor!? Die Menschen handeln doch schon immer sinnvoll!

Da klinken wir uns probehalber einmal ein. Der Bäcker sieht vermutlich einen unabweisbaren Sinn darin, Brötchen zu verkaufen. Der Politiker sieht einen Sinn darin, die Wahlen zu gewinnen. Das könnte es sein! Wir finden den letzten Sinn in den Geschäften der Welt. „Mach die Sache, die du machst! Just do it!" Diese Lösung scheint wunderbar.

Das heißt, sie wäre wunderbar, wenn die Welt schon sinnvoll wäre. Aber ist es sinnvoll, wenn Menschen bei anderen Menschen in die Wohnung einbrechen? Wenn sie andere Menschen quälen, töten …? Handeln alle Menschen immer sinnvoll? Und wenn Sie jetzt laut „Nein!" sagen (weil Sie daran denken, wie man Ihnen im Supermarkt das Wechselgeld falsch herausgegeben hat oder wie Sie jemand kurz vor einer unübersichtlichen Kurve mit seinem schnellen Auto überholt hat), dann frage ich: Woher wissen Sie, welche Menschen sinnvoll handeln und welche nicht? Könnte es sein, dass Sie voraussetzen, was Sinn ist, und daher nicht alles, was stattfindet, schon als sinnvoll ansehen?

Ich kann Sie da nur unterstützen! Wenn einige Geschichtsphilosophen nämlich sagen, dass alles, was stattfindet, schon sinnvoll ist, dann unterstellen sie, dass die Geschichte einen Sinn hat. Dann ist alles, was ist, auch gut, nur weil es ist. Auch der Einbruch in die Wohnung dieser Geschichtsphilosophen, die so etwas sagen, wäre dann letztlich gut. Sie bräuchten keine Polizei mehr! Keine Versicherungen! Ein Sparmodell. Alles ist gut!

Verallgemeinern wir: Hat die Geschichte letztlich einen Sinn? Machen wir die Probe. Oder, besser noch, greifen wir auf einen Journalisten und Schriftsteller zurück, der die Probe gemacht hat. Erich Kästner (1899–1974) lässt in seinem Roman „Fabian" (1931) seinen Titelhelden die Tageszeitungen lesen, also die Zeitgeschichte studieren:

„Fabian saß in einem Cafe namens Spalteholz und las die Schlagzeilen der Abendblätter: Englisches Luftschiff explodiert über Beauvais, Strychnin lagert neben Linsen, Neunjähriges Mädchen aus dem Fenster gesprungen, Abermals erfolglose Ministerpräsidentenwahl, Der Mord im Lainzer Tiergarten, Skandal im Städtischen Beschaffungsamt, Die künstliche Stimme in der Westentasche, Ruhrkohlenabsatz läßt nach, Die Geschenke für Reichsbahndirektor Neumann, Elefanten auf dem Bürgersteig, Nervosität an den Kaffeemärkten, Skandal um Clara Bow, Bevorstehender Streik von 140 000 Metallarbeitern, Verbrecherdrama in Chikago, Verhandlungen in Moskau über das Holzdumping, Starhembergjäger rebellieren. Das tägliche Pensum. Nichts Besonderes."

Können Sie in den Ereignissen einen gemeinsamen Sinn sehen? Einen sinnvollen Sinn? Da liegt das Problem. Man kann also durchaus zu dem Ergebnis kommen, zu dem Herr Fabian aus Erich Kästners Roman auch kommt: Die Geschichte hat keinen Sinn. Wenn überhaupt, dann *geben* wir der zukünftigen Geschichte einen Sinn. Nur: Woher bekommen wir ihn?

Eine vierte Antwort auf die Frage nach dem letzten Sinn

Lassen wir das Suchen, sagen manche. Deregulieren wir. Denn es gäbe eine unsichtbare Hand, die alles zum Guten führt, wenn man die Dinge nur sich selbst überließe:

> „Wenn jedes Individuum in der Führung seiner Geschäfte so agiert, dass der größte Wert produziert wird, verfolgt es nur seinen eigenen Vorteil und ist darin, wie in vielen anderen Fällen durch eine unsichtbare Hand geleitet, um ein Ziel zu befördern, das nicht Teil seiner Absicht war."

Derjenige, der das schrieb, war von Haus aus kein Geistlicher, sondern ... Ökonom. Es handelt sich um Adam Smith (1723–1790), einen schottischen Hauslehrer und Philosophieprofessor. Berühmt wurde er als Verfasser eines

Grundlagenwerkes über den „Wohlstand der Nationen" (1776). Geschrieben in bester bürgerlicher Absicht, nämlich der, die aufzuklärenden Nationen vom Vorteil der freien Marktwirtschaft gegenüber der alten Privilegien- und Vormundswirtschaft des Adels zu überzeugen. Ein Humanist. Die zitierten Sätze stellen die Grundlage unserer Gegenwart dar, die letzte metaphysische Annahme der Marktwirtschaft. Alles wird gut, wenn jeder nur egoistisch ist.

Mit allem Respekt einem großen Denker gegenüber: Ist das nicht ein wenig viel Mystizismus und Aberglaube? Irrational?

Nehmen wir mal an, zwei Personen steigen in einen Überlandbus ein. Nur noch ein Sitzplatz ist frei. Und dann regeln wir das über das Marktgesetz: Wenn jeder seinen Vorteil sucht, geht's allen gut ... Aber lassen wir das Spekulieren, hier geht es um etwas Vernünftiges, nicht um Ökonomie als Glaubenssache. Der Glaube an die Ökonomie unterläuft unsere Definition, dass Wahrheit und Sittlichkeit vernünftig geregelt werden müssen, aber nicht durch einen Beelzebub mit unsichtbarer Hand. Wir plündern lustig die Welt aus und hoffen, dass es schon irgendwie gut geht, wenn jeder nur egoistisch genug ist und drauflosplündert. Ein religiöses Wirtschaftsmodell! Aber eine solche Konfession muss man ablehnen – aus Vernunftgründen und aus religiösen Gründen. (Nicht alles, was sich religiös gebärdet, ist auch religiös ... können wir das hier lernen? Und daraus folgt: Nicht alles, was ist, ist gut und damit sinnvoll.)

Die Geschichte *hat* keinen Sinn, der Markt *ist* kein Ziel. Beides sind dumpfe Mechanismen, wenn man sie sich selbst überlässt. Hier fehlt eine ordnende Kraft. Hier fehlt unsere Vernunft. Aber wenn uns die Geschichte keinen Sinn gibt, wenn es keinen Sinn macht, egoistisch zu sein, woher bekommen wir dann jenen Mut, nicht zu verzweifeln?

Eine fünfte Antwort auf die Frage nach dem letzten Sinn

Ein anderer Ratschlag könnte lauten, dass wir uns diesen Sinn selbst setzen. (Goethes Kind sagt es ja: „Der hat's genommen.") Wir bestimmen selbst diesen Sinn, der uns leitet. Verführerisch! Die Idee des „Selfie": Wir zeigen uns selbst so, wie wir sein wollen. Wir formen uns selbst aus Lehm!

Wir formen uns selbst aus Lehm? Wie soll das gehen? Wir geben uns einen Lebenssinn? Wie soll das gehen, wenn wir doch schon einen Sinn gefunden haben müssten, um uns einen Sinn stiften zu können. Wir müssten doch sagen: „Es ist sinnvoll, Sinn zu stiften." Hier droht wieder der bekannte Irrsinn: Wenn wir uns einen Sinn geben *wollen*, setzt dieser *Wille* eine Richtung voraus, einen Sinn also.

Sie kennen das witzige Bild vom Hund, der begeistert seinem Lebenssinn nachgeht, einer leckeren Wurst, die vor seiner Schnauze baumelt. Ganz nah hängt sie, und er folgt ihr. Sie motiviert ihn. Der Hund kommt weiter, weil er versucht, die Wurst zu erreichen. Aber wir sehen: Die Wurst wird auf ewig unerreichbar bleiben, weil sie an einem Stab hängt und dieser Stab auf seinem Rücken befestigt ist. Der Hund hat ein Ziel gefunden, seinen Handlungssinn. Es ist sogar sein eigener. Aber es ist eine

Täuschung. Jede Richtung, die er wählt, ist für ihn sinnvoll. Auch die in den Abgrund.

Man kann die Blickrichtung ändern

Blicken wir kurz zurück: Wir finden Sinn weder vor noch können wir ihn setzen. Wir sind in einer paradoxen Situation … Wir können sie nicht allein mit Vernunft bewältigen. Jeder Bewältigungsversuch allein aus Vernunftgründen setzt voraus, was er doch erst begründen will. Eine Leiter braucht etwas, an das sie sich anlehnen kann. Und eine Stehleiter führt nur auf das Level zurück, von dem man ausgegangen ist. Sie führt nicht weiter.

Wenn wir vernünftig nach dem Sinn fragen, kommen wir an kein Ende des Fragens, müssen aber trotzdem handeln …, sinnlos dann eben.

Wir kommen nur weiter, wenn wir die Blickrichtung ändern. Vielleicht gibt es eine Lösung, wenn wir nicht nach einem letzten, vernünftigen Grund für unser Handeln suchen, sondern nur nach einer Ermutigung, nach einer Bestärkung. Nach einem *Motiv*. Ein Motiv, das uns ermutigt, uns an das Letzte, was wir wissen können, auch zu halten. Wenn wir als letzten Grund nicht etwas *Kausales*, sondern etwas *Mögliches* suchen, vielleicht kommen wir dann weiter. Wir könnten dann mit Vernunftgründen die Vernunft verlassen, weil die Vernunft hier an eine Grenze stößt, die sie kraft eigener Mittel zwar gefunden hat, aber mit eigenen Mitteln nicht überschreiten kann. Es ist vernünftig, nach dem „Wozu?" zu fragen (denken Sie an die Reinigung der Wohnung), aber durch Vernunft bekommen wir *letztlich* (also nach der zweckrationalen, sachlichen und sittlichen Argumentation!) keine Antwort.

Wir bekämen allerdings eine Antwort, wenn wir sie nicht mittels Vernunft begründen müssten. An dieser Stelle (und *nur* und *erst* an dieser Stelle!) begegnen wir einer Setzung, die folgenreich ist. Sie ist formal zwingend und fordert daher inhaltliche Füllung. Man könnte von Sinngewissheiten auf die jeweils letzten rationalen Gründe blicken. Von einer Offenbarung aus. Zwar lässt sich aus einer Offenbarung kein Handeln ableiten, denn das Handeln bedarf der Gründe – eine Offenbarung kann jedoch keine vernünftige Begründung ersetzen. Aber immerhin haben wir einen letzten Sinn – und können uns nun angestoßen sehen, uns an das zu binden, was wir als letzten Grund einsehen können. Eine solche Sinngewissheit offenbart die Religion.

Religion versichert uns, dass es einen Sinn gibt. Also etwas, was wir immer schon voraussetzen. Die Religion sagt: Bemühe dich drum, alles richtig zu machen: „Es ist sinnvoll, das Richtige, das Gute und das Schöne zu tun. Glaube mir, denn ich sage dir …" Das Recht siegt über den Frevel, wenn es zum Ende kommt.

Das Sinnangebot der Religion liegt nicht darin, Handlungs*zwecke* anzugeben. Derer gibt die Welt genug. Die Religion stiftet vielmehr an, rational nach den richtigen Handlungszwecken zu suchen und sich an sie zu binden.

Religion stiftet an, sich an die Vorstellung von Vollkommenheit zu binden.

Religion stellte dann die Idee des Vollkommenen als letzte sinnvolle Idee hin und offenbart dieses „Geheimnis des Glaubens". Mehr als Vollkommenheit gibt es nicht. Nach ihrem Sinn kann man nicht mehr fragen. (Weil die Frage ja nur noch mehr Vollkommenheit will!) Man kann sich an die Idee der Vollkommenheit praktisch binden. Sei wahr!

Sei gut! Sei schön! Der oben schon befragte Kirchenvater Augustinus schreibt: „Und dein Gesetz ist die Wahrheit, und die Wahrheit, das bist du." Und: „Ich wusste, dass dir das Sein im wahren Sinne des Wortes zukommt, da du immer derselbe bist, dass du nie ein anderer und nie in anderer Weise bist". Und daraus folgt: „Denn keine Seele konnte etwas denken oder wird je etwas denken können, das besser wäre als du, der du das höchste und beste Gute bist." Glaube an die Wahrheit, das Gute, das Schöne, vertraue mir!

Vielleicht gefällt diese Antwort jenen nicht, die von der Religion eine materiale Antwort erwarten, ein Wort, einen Gegenstand, eine Verhaltensweise, einen Habitus, Werte gar oder Regeln und Vorschriften. Wer dies erwartet, setzt eine *logische* Verbindung zwischen Welt und Offenbarung voraus und stellt die Offenbarung unter das Gesetz der Welt. Er misst Göttliches an Menschenmaß. Das ist nicht religiös. Wer glaubt, darf nicht urteilen. Denn dann hebelt er den Glauben aus. Glauben kann man nur ganz oder gar nicht.

Wir dürfen nur an das glauben, was *nicht* Gegenstand von vernünftigen Urteilen sein *kann*. Gott kann man nicht erfinden, begründen, bewerten. Er motiviert uns vielmehr zu erfinden, zu begründen, zu bewerten.

Es wäre totalitär, wenn Konfessionen Handlungszwecke und Lebenssinn *inhaltlich* festlegen und verordnen würden. Wir würden die Offenbarung an menschlichen Zwecken ausrichten. Wir dürfen das Göttliche nicht am irdischen Maßstab prüfen. Das zu tun wäre Blasphemie, also Gotteslästerung. Das Göttliche ist das, was Menschen letztlich motiviert. Das Göttliche ist das, was die Menschen voraussetzen müssen, weil sie es nie werden sehen und beweisen können.

Kein Mensch lebt ohne Zweifel

Braucht man Religion, wenn die Religion Sinn offenbart, aber keine inhaltlichen Vorschriften aufstellt?

Ja, man braucht Religion, und zwar genau aus diesem Grund. Sie ist nämlich der stete Zweifel daran, dass ein endgültiger Lebenssinn in der Welt der Fakten gefunden werden kann. Religion ist der Zweifel daran, dass sich ein letzter Lebenssinn von Menschen formulieren lässt. Religion ist der Zweifel an irdischer Endgültigkeit. Sie gibt uns die Suche als Dauerauftrag. Sie lässt uns nicht rasten und ruhen, weil sie sagt, dass nichts endgültig ist, was Menschenhand herstellt. Religion ist der Antrieb, sich nicht mit dem abzufinden, was wir vorfinden. Wenn die Welt von Sachzwängen spricht, dann besteht die Religion genau darin, diese in Frage zu stellen. Sachzwänge sind Menschenwerk – also können sie auch von Menschen geändert werden: Das ist die Frohe Botschaft der Religion.

Menschen sind krank, man kann sie, die „Aussätzigen", nur isolieren und sterben lassen, andernfalls stecken die kranken Menschen die gesunden an. Ist das ein Sachzwang? Nein, es muss andere Möglichkeiten geben, sagt die Religion, sucht danach! (Und einige erzählen dann die Geschichte, wie Jesus die Aussätzigen heilt.)

Wenn man stirbt, ist man dann verschwunden? Aus den Augen, aus dem Sinn? Nein, sagt die Religion, das Grab ist leer. Wir leben ewig. Nichts Menschliches ist endgültig. Auch der Tod nicht.

Religion unterstellt, dass alles ganz anders sein könnte, nämlich besser. Sie sagt uns nicht, was besser ist, aber sie ermahnt uns, dass wir es besser machen könnten.

Deshalb brauchen wir Religion: Ohne diese religiöse Hoffnung auf das Gelingenkönnen würden wir die Hölle auf Erden als „Sachzwang" akzeptieren. Wir würden uns mit der Schwerkraft der Verhältnisse abfinden. Alles bliebe, wie es ist: fehlerhaft, ungerecht, hässlich. Aber das kann doch nicht alles sein.

Wir müssen die Fakten zur Kenntnis nehmen, jedoch nur, um sie zum Besseren zu verändern. Aber wozu soll das Bessere gut sein? Eine endgültige Antwort auf diese Frage haben wir als Menschen noch nicht gefunden. Sie wäre übermenschlich. Würden Menschen die Antwort auf die Suche nach dem Lebenssinn geben, wäre das naiv oder totalitär. In diesem Sinne, nichts Menschliches als endgültig anzuerkennen, ist die Religion Totalitarismuskritik – und niemand kann die Religion von genau dieser Verpflichtung der Kritik entlasten.

Im Alten Testament drückt sich dieser Gedanke im Bilderverbot aus: Gott sagt, dass er von den Menschen nicht benannt werden möchte, weil er dann kein Gott – also letzter Sinn – mehr wäre, sondern Menschending. Idol. Doch Gott ist nur der, der er ist. Er ist nicht unser Werk – wäre er es doch, bräuchten wir ihn nicht.

Religion als Bildungsprozess

Der mittelalterliche Philosoph Meister Eckhart (1260–1328) hat diesen Gedanken als Allegorie auf den Bildungsprozess beschrieben: Bildung heiße, sich selbst lebenslang zu *suchen*. Sich als begrenzt und daher immer als lernfähig zu begreifen. Lebenslang neugierig zu sein. Es gebe immer etwas, was man noch herausfinden kann. Alles, was man weiß, müsse zwar gültig sein, sei aber nicht endgültig. Bildet euch! Aber kopiert nie, was andere Menschen euch vormachen. Werdet kein Abbild, wenn ihr euch bildet!

Weil jeder Mensch sich erst noch bestimmen muss – und keine andere Zielvorgabe hat als jene, sich gültig zu bestimmen –, dürfen Menschen andere Menschen nicht für Zwecke zurichten, sondern müssen sie auf eine lebenslange Suche vorbereiten: In diesem Leitsatz bringt auch der bereits erwähnte Amos Comenius den Grundsatz der Religion mit dem der Bildung zusammen:

> „Zunächst sind alle als Menschen Geborene zu dem Hauptzwecke geboren, Mensch zu sein, d. h. vernünftiges Geschöpf, Herr der anderen Geschöpfe und genaues Abbild seines Schöpfers. Darum sind alle so zu fördern und in Wissenschaft, Sittlichkeit und Religion recht einzuführen, dass sie das gegenwärtige Leben nützlich zubringen und sich auf das künftige angemessen vorbereiten können. Dass bei Gott kein Ansehen der Person gilt, hat er selbst oft kundgetan. Wenn wir also zu solcher Wartung des Geistes nur einige zulassen, andere aber ausschließen, sind wir ungerecht nicht nur gegen die, welche an der gleichen Natur wie wir teilhaben, sondern gegen Gott selbst, der von *allen*, denen er sein Bild aufgeprägt hat, erkannt, geliebt und gepriesen sein will. Zudem wissen wir nicht, zu welchem Nutzen die göttliche Vorsehung diesen oder jenen bestimmt hat. Soviel nur ist gewiss, dass Gott zuweilen die Ärmsten, Niedrigsten und Unbekanntesten als die wichtigsten Werkzeuge seines Ruhmes verwendet. Lasst es uns also der Sonne am Himmel gleichtun, welche die *ganze* Erde erleuchtet, durchwärmt und belebt, so dass alles, was leben, grünen, blühen und Frucht tragen kann, wirklich lebt, grünt, blüht und Frucht trägt."

Religion legt den Menschen insofern fest, als dass sie ihm eine Sinnunterstellung zumutet; aber sie befreit zugleich den Menschen dadurch, dass sie ihn ermuntert, ja geradezu ermutigt und auffordert, an allen *menschlichen* Sinnbestimmungen zu zweifeln. *Der Mensch,* sagt die Religion, *ist zu nichts anderem bestimmt, als sich richtig und gut zu bestimmen ..., das ist der Sinn des Lebens. Glaube daran!*

Das mag banal und selbstverständlich klingen, gleichwohl halten wir uns nicht dran. Wir lieben die Verfestigungen: Wir meinen, wenn wir dieses oder jenes hätten oder täten, dann bekäme unser Leben einen Sinn. *Erst wenn man merkt, dass der Zweifel an dem, was man hat, jenes Mehr ist, nach dem man sucht, überschreitet man jenes Zweck-Mittel-Denken, das sich selbst nicht begründen kann.*

Religion als Zweifel daran, dass das, was man haben kann, schon alles ist, was es gibt ..., das wäre doch ein gemeinsamer Nenner für alle Konfessionen.

5. Warum ist es vernünftig, vernünftig zu sein?

In Ägypten, dem Land der monumentalen Tempel, uralten koptischen Kirchen und eindrucksvollen Moscheen, fragte mich einmal eine Kollegin der University of Cairo, ob alles, was logisch ist, denn auch richtig sei. Mit dieser Frage warf mich die Literaturwissenschaftlerin aus der Routine. Dass diese Frage ausgerechnet an einer der vielen Quellen der Gegenwart gestellt wurde, an einer der alten Hochkulturen, am Nil, wo Moses gefunden wurde, der Monotheismus, unweit der Pyramiden und großen restaurierten Tempelanlagen (und wir geben alte Kirchen auf, funktionieren sie um und reißen sie ab! Wie kleinmütig!), und mich in extreme Beweisnot brachte, machte die Sache nicht angenehmer.

Meine Antwort, es sei eben vernünftig, die Vernunft als letzten Grund zu setzen, befriedigte sie nicht so ganz.

„,Zu setzen', sagen Sie? Es muss heißen ,anzusetzen'!"

Ich sah sie ratlos an.

Sie erklärte: Erst einmal müsse es, wenn überhaupt, heißen: „Die Vernunft als letzten Grund anzusetzen", so wie man einen Sauerteig ansetze. Man mache etwas. Man schaffe Fakten. (Fakt käme von facere, Lateinisch für „machen".) Fakten seien „Gemachtes". Sie kämen in der Wirklichkeit nicht vor, sondern wir machten etwas zum Faktum, wenn wir die (unerkennbare) Wirklichkeit methodisch angingen. Zum Beispiel Linsen mit Autofokus in unseren Augen einsetzten: Dann erst sähen wir etwas. Ohne Linse könnten wir nichts Genaues erkennen.

Oder durchs Fernrohr schauten oder durchs Mikroskop. Erst dann sähen wir etwas, von dem wir ohne Fernrohr oder Mikroskop gar nichts wüssten. Wenn wir ein Echolot benutzten oder ein Hörgerät. „Wissen ist Konstruktion." Wir erzeugten die Wirklichkeit mit unserer Vernunft:

„Die Vernunft kann daher nicht der letzte Grund sein! Sie, Herr Ladenthin, *setzen* sie *willkürlich* an diese Stelle. Denn mittels Vernunft können Sie die Vernunft nicht als Grundbaustein setzen. Dann nämlich setzten Sie voraus, was Sie doch erst beweisen wollen. Mittels Vernunft kann man Vernunft nicht legitimieren." Daher könne man die Vernunft zwar als letzten Grund „ansetzen", annehmen also, vermuten ..., aber zu beweisen sei das nicht. Sie sei zwar vorauszusetzen, sie gelte aber deswegen noch nicht.

Und sie fuhr fort: Man könne, aber das nur nebenbei oder vielleicht doch nicht nur nebenbei, sondern möglicherweise in der Hauptsache ..., man könne, wolle sie sagen, mit gleichem Recht oder eigentlich mit mehr Recht, die *Tradition* als letzten Grund ansetzen, und zwar deshalb, weil sie immer schon der letzte Grund gewesen sei und der Versuch, sie in Frage zu stellen, viel jünger sei, und daher sei dieser Versuch – die Kritik also – keinesfalls der letzte Grund. Tradition sei älter als ihre Kritik. Kinder sprächen zuerst in der Sprache ihrer Umgebung. Dann erst könnten sie sich vernünftig entschließen, eine neue Sprache hinzuzunehmen. Jede Sprache setze Tradition voraus. Andernfalls bliebe man sprachlos. Zuerst lebten Menschen in der Tradition. (Auch logisch müsse man die Tradition voraussetzen. Kein Wort ohne verinnerlichte Vorgeschichte, die zu dem Wort geführt habe.) Und der Versuch, die Tradition mittels Vernunft in Frage zu stellen, habe keine Tradition und sei daher auch nicht zu begründen – denn eine Begründung dafür, von der Tradition abzuweichen, sei lediglich vernünftig, die Vernunft aber nicht zu beweisen, ohne dass ihre Geltung schon vorausgesetzt werde. Ohne Tradition gebe es keine Vernunft. Wohl aber gebe es Tradition ohne Vernunft.

Und als ich nichts sagte, fuhr sie fort: „Sie können an die Stelle von ‚Tradition' auch das Wort *Überlieferung* setzen oder *Gespräch, Rede, Erzählung, Diskursgemeinschaft, Offenbarung …*", und dann sei sie einmal auf meine Argumente gespannt. Ob sie ihre Satzfolge wiederholen solle, diesmal mit *Überlieferung* oder *Gespräch, Rede* oder *Offenbarung*?

Ich schüttelte den Kopf und sagte, ich hätte ihre Argumentation schon verstanden …, aber ob sie selbst jetzt nicht argumentiere. Sie begründe nämlich gerade, warum die Tradition gelte. Ihre Behauptung sei aber, die Tradition gelte, weil sie bereits gelte. Das sei ja bei einem Zweifler offensichtlich nicht so.

Und dann sagte sie, dass es Tradition ohne Vernunft gebe. Das sähe ich genauso. Doch da liege eben das Problem. Ob sie das nicht unterscheide, eine tatsächliche und eine vernünftige Tradition?

Dann war die Seminarsitzung zu Ende, und wir verkrochen uns in unsere Gedanken. Ich will meine Gedanken hier zurückholen.

Ein verwunderlicher Gedanke über das Denken

Es gibt einen verwunderlichen Gedanken in einer Schrift aus dem Jahre 1891, in der Friedrich Engels „Die Entwicklung des Sozialismus von der Utopie zur Wissenschaft" darstellen wollte. (Verwunderlich ist diese Textstelle deshalb, weil Engels das, was er erkannt hatte, später nicht auf sich selbst bezog. Hätte er seine Gedanken auch auf sich selbst angewandt, dann wäre die Weltgeschichte vielleicht anders verlaufen.) Hier der Wortlaut:

„Die großen Männer, die in Frankreich die Köpfe für die kommende Revolution klärten, traten selbst äußerst revolutionär auf. Sie erkannten keine äußere Autorität an, welcher Art sie auch sei. Religion, Naturanschauung, Gesellschaft, Staatsordnung, alles wurde der schonungslosesten Kritik unterworfen; alles sollte sein Dasein vor dem Richterstuhl der Vernunft rechtfertigen oder aufs Dasein verzichten. Der denkende Verstand wurde als alleiniger Maßstab an alles angelegt. Es war die Zeit, wo, wie Hegel sagt, die Welt auf den Kopf gestellt wurde, zuerst in dem Sinn, dass der menschliche Kopf und die durch sein Denken gefundenen Sätze den Anspruch machten, *als Grundlage aller menschlichen Handlung und Vergesellschaftung zu gelten*; dann aber später auch in dem weiteren Sinn, dass die Wirklichkeit, die diesen Sätzen widersprach, in der Tat von oben bis unten umgekehrt wurde. Alle bisherigen Gesellschafts- und Staatsformen, alle altüberlieferten Vorstellungen wurden als unvernünftig in die Rumpelkammer geworfen; die Welt hatte sich bisher lediglich von Vorurteilen leiten lassen; alles Vergangene verdiente nur Mitleid und Verachtung. Jetzt erst brach das Tageslicht, das Reich der Vernunft an; von nun an sollte der Aberglaube, das Unrecht, das Privilegium und die Unterdrückung verdrängt werden durch die ewige Wahrheit, die ewige Gerechtigkeit, die in der Natur begründete Gleichheit und die unveräußerlichen Menschenrechte. Wir wissen jetzt, dass dies Reich der Vernunft weiter nichts war als das idealisierte Reich der Bourgeoisie. So wenig wie alle ihre Vorgänger konnten die großen Denker des 18. Jahrhunderts hinaus über die Schranken, die ihnen ihre eigne Epoche gesetzt hatte."

Aus diesen Überlegungen folgt, dass all unser Denken Begrenzungen unterliegt, deren es erst nachträglich oder im Vergleich inne werden kann. Wir brauchen fremde Kulturen, um die Eigenheit unserer eigenen Kultur überhaupt bemerken zu können. Wir brauchen aus gleichem Grund das Wissen über die Vergangenheit. Wir brauchen andere Sprachen, damit wir merken, dass unsere Muttersprache nur einen Teil dessen erfasst, was zu erfassen ist. Aber da wir nie alle Kulturen kennen, alle Geschichtsbücher lesen und alle Sprachen sprechen können, bleibt immerzu ein Rest, von dem wir nichts wissen – ein großer Rest sogar. Da wir nicht alle Zeit der Welt haben, können wir nie alles mit allem vergleichen. Nur wer in der Ewigkeit lebt, kann alles wissen. Er ist allwissend. Unserem Teilwissen ist das Alles-zu-Wissende logisch vorausgesetzt.

Die Art der Beschränkung unseres Denkens ist uns nicht bekannt. Wenn wir denken, dann denken wir unter Bedingtheiten, von denen wir nichts wissen. Über das, was wir nicht wissen, können wir naturgemäß keine Aussagen machen. Wir können wissen, dass wir nicht alles wissen, dass wir nie alles wissen werden. Wir müssen aber dieses „Alles, was zu wissen ist" bei unserer Handlungsplanung voraussetzen. Wenn aber die Vernunft bei ihrer Arbeit des Denkens immer begrenzt und beschränkt sei, dann – so Friedrich Engels – bilde sich in der Vernunft eben nicht die Welt, sondern *immer* nur ein Aspekt der Welt

ab, nämlich derjenige, der von der Vernunft unter
bestimmten historischen, machtpolitischen und wissen-
schafts- oder diskurstheoretischen Bedingtheiten hervor-
gebracht wird.

Ein Beispiel

Das kann man sich gut erklären und historisch plausibel
machen. Ich wähle ein Beispiel aus der Medizin: Lange
Zeit hat man die Autosuggestion, die Hypnose und das
Wissen um den Placebo-Effekt aus der akademisch gelehr-
ten Medizin ausgeschlossen. Dieser Ausschluss war keineswegs willkürlich oder gar bösartig: Die Universitäts-
mediziner konnten gute Gründe für die Nichtbeachtung
dieser Hausmittel anführen. Sie konnten zeigen, dass sich
medizinische Heilverfahren in ihrer Wirkungsweise
naturwissenschaftlich erklären ließen. Bei Impfungen, bei
Schmerzbehandlungen, bei Operationen – immer gab es
eine empirisch nachweisbare Behandlungsweise und es gab
sicht- oder messbare Folgen. (Wer ein Aspirin einnimmt,
glaubt ja nicht an die Wirkung, sondern erwartet sie aus
gutem Grund. Man kann Rückstände des Medikaments
im Blut nachweisen und schließt auf eine Wirkung.) Wenn
man mechanische Kausalität als gelungenes Erklärungsmodell ansieht, dann *kann* Autosuggestion nicht lindern.
Denn hier wird nichts mechanisch ausgelöst. Wenn man
mechanische Kausalität als einziges Erklärungsmodell
ansieht, dann *kann* Hypnose nicht heilen. Wenn man
mechanische Kausalität als empirisches Erklärungsmodell
ansieht, dann *kann* ein Placebo nicht helfen. Denn es wird
dem Körper nichts „Wirksames" hinzugefügt. Also kann

sich auch nichts – kausal verursacht – verändern, dachte man.

Wir alle erfahren aber in jedem Winter, dass die Erkältung nicht ganz so belastend ist, wenn wir den verschnupften Tag warm eingepackt mit unserer Lieblingsfernsehserie verbringen, bei der wir lachen müssen, weil alles wieder mal so ulkig ist. Bei Kindern hilft es, wenn die Eltern auf die schlimme Stelle „pusten". Der Schmerz ist wie weggeblasen.

Was nun? „Wirkt" Suggestion oder nicht? Ganz langsam sah die Schulmedizin ein, dass es irgendwie wohl so sein musste … Der österreichische Essayist und Weltenbürger Stefan Zweig (1881–1942) hat in seinem biographischen Buch über die „Heilung durch den Geist" (1931) dargestellt, wie der naturwissenschaftlichen Forschung ganz, ganz langsam die Einsicht zugefügt wurde, dass es auch andere Formen von „Wirkung" geben müsse.

Das mechanistisch-kausale Prinzip konnte vieles, aber eben nicht alles erklären. Andererseits sind Beinbrüche nicht durch Suggestion oder Zaubersprüche zu heilen – auch das neue, nicht-mechanistische Erklärungssystem kann nicht alles erklären. Beide Erklärungsmodelle sind von begrenzter Reichweite, oder, wie man in der Wissenschaftstheorie sagt, beides sind „hypothetische Einsichten": Wenn – dann. (Die Ironie ist, dass wir die Wirkung nicht-kausaler Einflussnahmen, z. B. durch Einnahme eines Placebos, kausal nachweisen können: Wenn man Schokolinsen als Tabletten geschluckt hat, geht's manchem nachweislich besser.)

Wir sehen: Die Vernunft erfasst nicht alles, sondern nur das, was ihr vernünftig erscheint. Aber: Wie entscheidet man, was vernünftig ist? Mit Vernunft? Das wäre wieder ein Zirkelschluss.

Das Alles-zu-Wissende

Wenn wir diese Beispiele behutsam verallgemeinern, kommen wir zu dem von Friedrich Engels formulierten Ergebnis: Wir können mittels Vernunft nie alles erkennen. (Das allerdings können wir sicher voraussetzen!)

Da wir nie alles erkennen können, bleibt immer etwas ausgeblendet, was wir aber beachten müssten, wenn wir alles, was bedeutsam sein könnte, im Blick haben wollen. Denn wir *leben* auch in dem, was der augenblicklichen anerkannten Gestalt der Vernunft nicht zugänglich ist. Wir leben in der Gesamtheit dessen, was alles zu wissen wäre. Wir können sogar sagen: Wir leben in der Gesamtheit dessen, was zu wissen sein müsste, wenn wir verantwortungsvoll handeln wollen.

Wir können wissen, dass es das „Alles-zu-Wissende" gibt, aber wir kennen seinen Inhalt nicht. Wir werden ihn auch nie kennenlernen. Wir setzen etwas voraus, wir müssten etwas bei unseren Planungen beachten, von dem wir nichts wissen außer dem Umstand, dass es da ist. Könnte es sein, dass daher viele Konfessionen davon sprechen, dass „Gottes Wege unergründlich sind"? Dieser Satz sollte Demut lehren. Er ist ein Hinweis darauf, dass wir bei allem zweckrationalen Handeln beachten müssen, dass wir von der zu behandelnden Welt nicht alles kennen können.

Sie ahnen es bereits: Ich verstehe die Religion als Manifestation dieses Wissens um das prinzipielle Nicht-alles-wissen-Können von dem, was für unser Handeln voraus-zusetzen und relevant ist.

Ohne Wissenschaft könnten wir das Leben nicht erfor-schen; aber Leben und Welt sind mehr als das, was Wis-senschaft erforscht und erforschen kann. Unsere Entschei-dungen müssen daher gültig, aber sie können nie endgültig sein, weil wir gar nicht alle Ursachen und Mechanismen kennen *können*. Und zwar all jene nicht, die derzeit von der Vernunft ausgeschlossen sind. Das End-gültige kennen wir nicht. An dieser Aussage ist nicht zu zweifeln. Sie bindet uns absolut an unser Nicht-alles-wis-sen-Können *und* an das vorauszusetzende Alles. Wenn wir dieses besondere Wissen um das „Nicht-alles-wissen-Können" *und* an das vorauszusetzende „Alles" als religiös bezeichnen, ist religiöses Denken keine Ansichtssache.

Bildung will Alles

Bildung, um das kurz einzuschieben, wäre das Vermögen, den Wissenschaften zu geben, was der Wissenschaften ist, und dem Leben, was des Lebens ist – in dem Wissen, dass wir zwar in einer ganzen Welt leben, aber nur Ausschnit-te aus ihr kennen. Bildung ist die Suche nach dem „Alles". (Alle alles allseitig lehren, sagte Comenius.) Bildung setzt Wissensformen in Bezug: Muss man ein Problem mathe-matisch, biologisch oder politisch lösen? Der Bezugspunkt ist das gelingende Leben, das sinnvolle Leben also. Aber was war noch gleich Sinn?

Ergibt sich hier ein notwendiger Bezug zwischen Bil-dung und Religion?

Wozu Gott? Man sieht doch, dass das Auto fährt

Friedrich Engels wies darauf hin, dass die Vernunft sich nicht selbst begründen kann, weil sie gar nicht *nur* vernünftig ist. Sie weiß nicht mal alles über sich selbst.

Aber können wir denn nicht empirisch *belegen*, dass die Vernunft alles umfasst? Schließlich fährt das Auto doch, das mittels Vernunft konstruiert wurde!

Nein, das geht nicht. Auch empirisch gelingt der Vernunftbeweis nicht, weil die Empirie ebenfalls das *voraussetzt*, was zu beweisen wäre. Unsere Wahrnehmung und die gedankliche Verarbeitung der Wahrnehmung bedürfen der Vernunft, benutzen also schon, was in seinem Nutzen erst bewiesen werden soll.

Wer sagt: Die instrumentelle Vernunft ist wahr, denn ich sehe und kann messen, dass das Auto fährt, setzt doch schon jene instrumentelle Vernunft voraus, wenn er „hinsieht" und „misst". Sehen und Messen sind Formen unserer Vernunft – die Frage war aber doch, warum wir uns auf sie verlassen können!

Dass etwas wahr sei, weil es funktioniere, wie die Philosophie des Pragmatismus (in der Nachfolge John Deweys [1859–1952]) behauptet, stellt bei ihrem Versuch, die Vernunft zu begründen, die Vernunft von dem tönernen Kopf nun auf die ebenso tönernen Füße: Etwas ist wahr, weil es funktioniert? Was heißt „funktionieren"? Das Urteil, ob etwas funktioniert, ist ja ein Vernunfturteil – also genau das, was diese Argumentation nicht bemühen will.

Aber die vernünftigen Menschen haben
alle anderen überlebt

Einige Biologen – wie etwa der Verhaltensforscher Konrad Lorenz (1903–1989) in seiner Schrift „Die Rückseite des Spiegels. Versuch einer Naturgeschichte des menschlichen Erkennens" (1973) – meinten nachweisen zu können, dass die Vernunft deshalb letztbegründet sei, weil die Wesen, die sie benutzten, sich am besten zurechtgefunden haben auf der Welt. (Ob das die Dinosaurier nicht auch dachten? Jedenfalls eine Zeitlang – bis kurz *vor* ihrem Ende. Sie hatten sich auf der Welt perfekt eingerichtet mit ihren Dinosaurier-Kompetenzen. Dann kam das Ende. Aber die waren ja auch nicht vernünftig. Anderseits soll Vernunft nach dem gleichen Gesetz erklärt werden, das das Überleben von Tierarten erklären soll …, da passt etwas nicht!)

Die Vernunft sei vernünftig, weil sie das Überleben gesichert habe? Eine verwegene Behauptung angesichts der Katastrophen des 20. Jahrhunderts. Denn immerhin wurden alle Grausamkeiten und Verbrechen mittels Vernunft ausgedacht. Die Kanonen und Maschinengewehre, die Landminen, Ein-Mann-Torpedos und Kamikaze-Flieger, die Terrorakte und Selbstmordattentate wurden doch vernünftig geplant; sie funktionierten. Die Ermordung der europäischen Juden war keine Spontanhandlung, sondern wurde auf einem Treffen nach Diskussionen beschlossen – auf der sogenannten Wannseekonferenz am 20. Januar 1942. Auf der Sitzung wurden Argumente ausgetauscht; es wurden Beschlüsse gefasst, es wurde überlegt und erwogen, wie man den Mord organisieren kann …, und das soll der Geltungsgrund für das Gute der Vernunft sein? Geltungsgrund dafür, dass die Vernunft das Überleben sichert? Die Opfer sehen das bestimmt anders.

Die Vernichtungslager und Weltkriege des 20. Jahrhunderts waren auf Zerstörung aus, auf die „Endlösung", in Deutschland sogar auf die Selbstzerstörung – jedenfalls wenn man als Stichtag der Betrachtung den 7. Mai 1945 annimmt. Der totale Krieg der Nazis war von ihnen am Ende auf die totale Vernichtung Deutschlands angelegt. Am nächsten Tag sah das dann wieder ganz anders aus.

Kurzum: Woran wir uns anpassen und ob die Anpassung an das, was gerade ist, sinnvoll war, entscheidet sich erst am Ende der Welt, am Ende aller Zeiten. Dieses Ende kennen wir allerdings nicht. Wir müssten es aber kennen, um beurteilen zu können, ob die Vernunft hilfreich ist bei der Welterkenntnis. Die biologistische Theorie der Vernunft verabsolutiert einen bestimmten Zeitpunkt und Zustand. Aber welchen Zeitpunkt oder Zustand sollen wir als Maßstab nehmen. Und warum gerade diesen?

Was aber wäre, wenn wir annähmen, dass am Ende alles gut wird? Das ist die Annahme der Religion: „Das Recht siegt über den Frevel, / Wenn es zum Ende kommt." Die Vernunft funktioniert nur, wenn wir *voraussetzen*, dass sie zu Gutem fähig ist. Diese *Voraussetzung* ist nicht zu beweisen. Man muss an sie glauben.

Warum wir der Vernunft vertrauen können

Wir haben hier ein analoges Problem wie bei der Begründung der Moral.

Kurze Rückblende: Weil wir nicht begründen konnten, warum es sinnvoll ist, moralisch zu sein, hatten wir das

Vernunftparadigma verlassen *müssen*. Von den Alltagsgeschäften an bis zu dieser Grenze galt die praktische Vernunft, und zwar ausschließlich, aber danach *kann* es keine Vernunftantwort mehr geben. (Jedenfalls keine, die man nicht noch einmal befragen und damit relativieren kann.)

Entsprechend verhält es sich mit der theoretischen Vernunft: Wir können nicht begründen, warum es vernünftig ist, vernünftig zu sein. Im Bereich der Zweckrationalität funktioniert zwar die instrumentelle Vernunft: Wir wissen, welche Schrauben wir brauchen, um ein Auto zusammenzubauen. Aber wir können nicht erklären, warum wir uns darauf verlassen *sollen*. Wir können es nicht erklären, ohne beim Erklären schon das Gute jener Vernunft in Anspruch zu nehmen, die wir doch erst erklären wollen.

Wir müssen darauf vertrauen, dass es vernünftig ist, vernünftig zu sein. Dieses „Vertrauen" bestimmt die Vernunft nicht; es legt weder Inhalte noch Ziele fest. Es stimuliert lediglich, der Vernunft bei ihrem Bemühen um Wahrheit, Sittlichkeit und Schönheit zu vertrauen. Aber woher stammt das Vertrauen?

Es gibt viele Konfessionen, die dieses Vertrauen religiös begründen. Sie glauben, dass Gott das gute Ende der Geschichte will. Und wir privat glauben das auch. Wir vertrauen darauf, dass es möglich ist, gut zu leben. Und da *jeder* dieses Vertrauen hat (selbst wenn er sich mit *Vernunftgründen* dagegen wehrt), macht *jeder* unbeweisbare oder eben – wie man es auch nennen kann – religiöse Voraussetzungen. Wir *müssen* annehmen, dass wir mit Vernunft weiterkommen, aber wir können es nicht beweisen, ohne nicht schon die Vernunft zu benutzen. Es gibt keinen letzten Grund, der beweisbar wäre oder beim Beweis nicht schon das Vertrauen in die Vernunft voraussetzen würde.

Dies ist ein Verweis auf die Endlichkeit all unserer (vernünftigen) Bemühungen, die zugleich Unendlichkeit voraussetzen. Bis dahin ist es philosophische Kritik oder Erkenntnistheorie. Warum wir jedoch an etwas glauben dürfen, was wir nicht beweisen können, aber für das Beweisen schon benötigen – das ist mehr als nur Kritik. Das ist eine Position, ein Bekenntnis, ein Überzeugtsein. Bis zur Grenze trägt uns die philosophische Erkenntniskritik: Was setzen wir voraus, das wir selbst nicht erschaffen können, aber benutzen müssen? Die Philosophie beschreibt die denknotwendigen Voraussetzungen. Aber warum wir uns an diese Voraussetzungen halten sollen, können oder dürfen, *kann* keine Philosophie beschreiben, ohne die Voraussetzungen schon als gültig akzeptiert zu haben – zeigt Thomas Mikhail (* 1980) in seinem Buch über „Bilden und Binden" (2009).

Gottesbeweis oder Religionsbeweis?

Dies ist beileibe kein Gottesbeweis. Dass es Gottesbeweise nicht geben *kann*, hat Immanuel Kant (1724–1804) in seiner Grenzschrift, der *Kritik der reinen Vernunft* (1781/1787), gelehrt:

> „Es versteht sich von selbst, dass die Vernunft zu dieser ihrer Absicht, nämlich sich lediglich die notwendige durchgängige Bestimmung der Dinge *vorzustellen*, nicht die *Existenz* eines solchen Wesens voraussetze …"

Aus der Denknotwendigkeit kann nicht auf die Realität des Denknotwendigen geschlossen werden. Aus der Notwendigkeit, dass ich beim Bergwandern abends eine Berghütte zum Schlafen brauche, kann man nicht schließen, dass sie auch da ist.

Zuvor hatte schon der christliche Mystiker Meister Eckart den Gottesbeweis in seinen Gedanken über die „Erneuerung des Geistes" grundsätzlich abgelehnt und gelehrt:

> „Gott ist namenlos, denn von ihm kann niemand etwas sprechen oder verstehen. Darum sagt ein heidnischer Meister: Was wir von der ersten Ursache verstehen oder sprechen, das sind wir mehr selbst, als dass es die erste Ursache wäre, denn sie ist über allem Sprechen und Verstehen. (…) Daher schweig und schwatze nicht von Gott, denn damit, dass du von ihm schwatzest, lügst du, tust also Sünde. Willst du nun ohne Sünde sein und vollkommen, so schwatze nicht von Gott. Du sollst auch nichts verstehen unter Gott, denn Gott ist über allem Verstehen."

Das ist wunderbar formuliert: Gott ist nicht zu verstehen, weil er die Bedingung des Verstehens ist, die daher selbst nicht verstanden werden kann. Gottesbeweise verstoßen gegen das Göttliche …, weil sie Gott vom (menschlichen) Beweis abhängig machen. Gott wäre von der Gnade derjenigen Menschen abhängig, die sich die Mühe machten, einen Beweis zu suchen. Das geht nicht. Gottesbeweise *kann* es nicht geben. Der Grund unseres „Beweisen-Könnens" kann nicht wieder bewiesen werden.

Aber es gibt, was ich einen *Religionsbeweis* nennen möchte, die Begründung nämlich, dass wir bei allem Wissen immer schon Unbeweisbares voraussetzen – und nicht nur voraussetzen, sondern auch für wahr halten. Daher steht alles Wissen auf Vertrauen. Die Philosophie führt uns mit der Erkenntnistheorie an die Grenze, vom Diesseits her.

Die Religion blickt von der anderen Seite auf diese Grenze. Man kann sie überschreiten, aber nicht ignorieren. Man kann die Grenze nicht abreißen. Sie bleibt bestehen. Man kann von Seiten der Vernunft auf die andere Seite blicken und sieht etwas, was man nie mit der Vernunft erreichen kann. Alles Verstehen setzt etwas Unbeweisbares voraus. Gott ist über allem Verstehen.

Die Vernunft ist die Letztinstanz für das, was man begründen kann. Dass diese logische Letztinstanz selbst vernünftig ist, darauf kann man aber nur vertrauen. Vertrauen ist aber eine Sache des Glaubens, schreibt der Karlsruher Erziehungswissenschaftler Jürgen Rekus (* 1950).

Mit dem religiösen Denken ist die Vernunft nicht ersetzbar, mit dem vernünftigen Denken die Religion nicht. Dennoch setzt jede Seite die andere voraus. Wir müssen über Glauben vernünftig reden können – zugleich wissen wir, dass jedes vernünftige Reden immer ein unbegründetes, d.h. geglaubtes Vertrauen voraussetzt. Man kann sich beides vorstellen, darf es aber nicht verbinden. Die Grenze ist absolut.

6. Politik, Ethik und Religion:
Wie kann das gutgehen?

Die Geschichte ist nicht nur sinnlos. Sie ist irrsinnig:

> „Um mich zu belehren, schlage ich ein altes Schulbuch auf, den sogenannten kleinen Plötz. Ich schlage eine beliebige Seite auf: Da findet sich: einmal Seesieg, zweimal Waffenstillstand, dreimal Bündnis, zweimal Koalition, einer marschiert, einer verbündet sich, einer vereinigt seine Truppen, einer verstärkt etwas, einer rückt heran, einer nimmt ein, einer zieht sich zurück, einer erobert ein Lager, einer tritt ab, einer erhält etwas, einer eröffnet etwas glänzend, einer wird kriegsgefangen, einer entschädigt einen, einer bedroht einen, einer marschiert auf den Rhein zu, einer durch ansbachisches Gebiet, einer auf Wien, einer wird zurückgedrängt, einer wird hingerichtet, einer tötet sich – alles dies auf einer einzigen Seite, das Ganze ist zweifellos die Krankengeschichte von Irren."

Diese schlichte Inhaltsangabe eines Geschichtsbuches stammt von dem Arzt und Schriftsteller Gottfried Benn (1886–1956). Jeder könnte das Experiment wiederholen, ein Geschichtsbuch aufschlagen, die Taten aufzählen … und seine Schlüsse ziehen. Auch ein Faktencheck dessen, was man Religionsgeschichte nennen könnte, würde zu einem ähnlichen Ergebnis kommen. Es sind schier unglaubliche Verbrechen im Namen von Konfessionen verübt worden: Menschen wurden gequält, unter Druck gesetzt, verstümmelt, gefoltert, in den Tod getrieben und getötet … um eines Zieles willen, das von einigen Zeremonienmeistern als „religiös" bezeichnet wurde: Dem phönizischen Gott Baal wurden Kinder geopfert. Dem aztekischen Sonnen- und Kriegsgott Huitzilopochtli wurde lebenden Menschen das Herz herausgeschnitten, während der Einweihung des Haupttempels in vier Tagen bei 20 000 Gläubigen – wenn die Quellen es richtig angeben. Abraham sollte seinen Sohn auf einem Altar opfern. Karl der Große bestrafte die Sachsen, die sich nicht taufen ließen, mit dem Schwert. Die christlichen Kreuzfahrer eroberten auf ihren Kreuzzügen die christliche Stadt Byzanz, töteten die Einwohner und schleiften ein einmaliges Kulturdenkmal unwiederbringlich. Angebliche Hexen wurden in ihren Hütten aufgespürt und auf dem Marktplatz unter Gejohle verbrannt. Schließlich tötete man Menschen jüdischen Glaubens auf industrielle Weise. Im Namen des Islam werden von lebenden Bomben Menschen getötet, die sich zufällig in einem Hochhaus aufhalten. Unbeteiligte und Unschuldige. Grauenhaft. Die Beweise liegen vor. Man kann sie weder ignorieren noch kleinreden. Jede einzelne Tat ist verabscheuungswürdig. Nicht zu rechtfertigen. Das Ganze ist zweifellos die Krankengeschichte von Irren …

Verzichten wir auf Öl?

Allerdings muss man sagen, dass *um der politischen Macht willen* die gleichen Verbrechen verübt wurden. Benns Bericht oder Shakespeares Dramen sind ebenso voll davon wie die Geschichtsbücher aller Herren Länder. So richtige Ausnahmen gibt es weltweit nicht. Um der eigenen Macht willen wurden Mächtige getötet. Um der Heimat willen wurden die, die eine neue Heimat suchten, abgewiesen und in die Flucht geschlagen. Der Kampf um das Öl zeigt in unseren Tagen, dass einige Regierungen bereit sind, andere Länder in die Steinzeit zurückzubomben.

Aber was folgt daraus? Verzichten wir künftig auf Öl (und damit auf das Autofahren, auf Wärme im Wohnzimmer und Kunststoff), weil der Kampf um das Öl Abermillionen das Leben gekostet hat? Verzichten wir auf Geld, weil zahlreiche Bankräuber (oder Banken) Existenz und Leben von Menschen gefährdet oder zerstört haben? Verzichten wir auf Messer, weil Mörder Messer benutzt haben? Verzichten wir auf das Atmen, weil auch die Bösen atmen?

Ein lateinisches Sprichwort führt zu mehr Klarheit

Man kann alles missbrauchen: das Öl, das Geld, die Macht, die Verbundenheit zur Heimat … und natürlich auch die Religion. Aber weder aus dem Öl, dem Geld, der Macht oder der Heimat und Religion folgt, dass wir uns grausam zu anderen Menschen verhalten *sollen*.

Es gibt ein lateinisches Sprichwort, das diesen Sachverhalt beschreibt und in Rechtshändeln viel zitiert wird. Es ist ein alter Grundsatz, und sein Alter bezeugt vielleicht, dass der Satz eine Weisheit beinhaltet, die sich bewährt hat. Im Lateinischen lautet der Grundsatz: „Abusus non tollit usum." Übersetzt man den Satz, könnte man sagen: „Der mögliche Missbrauch eines Gegenstandes beseitigt nicht den richtigen Gebrauch." Ein Recht – so soll ausgesagt werden – darf nicht deshalb kritisiert werden, weil es auch missbraucht werden kann. Das Sprichwort richtet sich gegen die Auffassung, etwas verbieten zu wollen, weil die Gefahr eines Missbrauchs besteht.

Diesen Argumentationstypus kennen wir aus dem Alltag: Fernsehen ist schlecht, weil man süchtig werden kann. Aber soll man es deswegen ganz verbieten? Computerspiele sind schlecht, weil sie zu Realitätsverlust führen können. Ja, klar kann das passieren, und es ist passiert. Aber das falsche Handeln liegt weder im Fernsehen noch im Computerspiel begründet. Es liegt am (ungebildeten) Umgang mit beidem. Die amerikanische Gesellschaft hat einst das Trinken von Alkohol verboten, weil ein Teil der Gesellschaft mit dem Alkohol nicht sinnvoll umgehen konnte. Die Angst vor dem Alkoholmissbrauch war so groß, dass man den Alkohol gleich ganz verboten hat – also auch seinen guten Gebrauch. Ist das vernünftig? Müsste man dann nicht alles verbieten, weil man alles missbrauchen kann? Auch das Atmen?

Vielleicht macht man es sich zu einfach, wenn man eine Sache ablehnt, nur weil sie zu missbrauchen ist. Aus dem Umstand, dass im Jahr 2014 allein in Deutschland 3368 Verkehrstote zu beklagen waren, folgt nicht, dass wir auf Mobilität verzichten und unser Auto nicht mehr benutzen. Vielmehr folgt daraus, Mobilität besser zu gestalten.

Es gibt nichts an sich Gutes

Fast alles, was wir benutzen, kann man zu einem guten oder einem schlechten Zweck nutzen. Das trifft auch auf Dinge zu, die auf den ersten Blick gut und nützlich erscheinen. Ich denke da als Nachkriegskind zuallererst an Süßigkeiten, an die leckeren Schleckereien aus dem Kiosk. Zucker versüßt das Leben. Zucker war einst teuer und hoch begehrt, eine Rarität, etwas Wertvolles – also etwas, das einen hohen Wert hatte. Zucker zaubert! Was soll an ihm schlecht sein? Aber wir wissen heute: Man kann sich mit Zucker Schaden zufügen, wenn man ihn falsch benutzt. Man kann sich mit ihm krank essen. Nicht der Zucker also ist gut oder schlecht, sondern der Umgang mit ihm kann falsch oder richtig sein.

Das gilt für alle Dinge: Wasser ist Überleben, heißt es. Das mögen die Anrainer von jenen Flüssen, die jährlich über die Ufer treten, anders sehen – an Rhein und Mosel zum Beispiel oder in Passau, wo die Altstadt meterhoch überflutet war. (Ich erspare uns weitere grässliche Beispiele, wozu Lagerkommandanten Wasser und die Angst vorm Ertrinken noch benutzen können.)

Selbst die Liebe ist ein seltsames Spiel: Elternliebe kann erdrücken – zum Beispiel, wenn besorgte Mütter ihren 30-jährigen Söhnen im Winter nach Materialprüfung empfehlen, warme Unterwäsche zu tragen … Eine Liebe kann wie ein goldener Käfig sein, zu dem der Schlüssel verloren ging.

Rechtsgehorsam kann zu Verbrechen führen – wie aus der Geschichte totalitärer Regimes zu belegen wäre … Ich gebe nur das Stichwort „Befehlsnotstand"!

Freundschaft kann ein Erpressungsmittel werden – wie man es aus Jugendgruppen erfährt, bei denen man alles mitmacht, nur um nicht Außenseiter zu werden.

Die Wahrheit kann man zum Verletzen benutzen, wenn man jemandem im falschen Augenblick etwas sagt, was ihn aus der Bahn wirft. Was wäre, wenn man dem Arzt während einer komplizierten Herzoperation die Nachricht zukommen lässt, dass seine Frau tödlich verunglückt sei …, eine Wahrheit, sicherlich, aber die Folgen sind unabsehbar.

Auch die Ethik kann totalitär werden – wie am Schrecken der Französischen Revolution zu sehen ist. Georg Büchner (1813–1837) lässt den Revolutionär Danton (1759–1794) sagen:

> „Robespierre, du bist empörend rechtschaffen. Ich würde mich schämen, dreißig Jahre lang mit der nämlichen Moralphysiognomie zwischen Himmel und Erde herumzulaufen, bloß um des elenden Vergnügens willen, andre schlechter zu finden als mich. – Ist denn nichts in dir, was dir nicht manchmal ganz leise, heimlich sagte: du lügst, du lügst!?"

Man kann mit allem ungebildet umgehen. Mit der Liebe. Mit der Ethik.

Auch mit der Religion.

Aber aus dem ungebildeten und falschen Umgang mit der Religion lässt sich nicht auf ihren Wert schließen. Daraus folgt, dass wir lernen müssen, richtig mit der Religion umzugehen. Da dem Menschen Religion zukommt – Sie erinnern mein Eingangsbeispiel ganz am Beginn des Buches: Jeder Mensch weiß um seinen Tod –, sollte jeder Mensch den Religionsunterricht bekommen, der seinem Bekenntnis entspricht. Wie das geschehen soll, darüber kann man sprechen …, aber unverzichtbar ist, dass die Menschen lernen, mit ihrer Religiosität vernünftig umzugehen. Andernfalls kann es wieder zu jenem Irrsinn kommen, der unsere Geschichtsbücher füllt, zu Grausamkeit und Mord.

Nun wird oft behauptet, dass die Religion nicht nur missbraucht wurde, sondern dass sie *in sich selbst* das Böse hat. An ihren Untaten ließe sich ihr *wahres* Wesen erkennen. Nämlich, dass *sie selbst*, rein so wie sie *ist*, böse ist. Weil sie zum Beispiel zur Intoleranz auffordert. Oder zu gewaltsamer Mission, zu brutaler Eroberung, zur Ausgrenzung Andersgläubiger, zur Ermordung Ungläubiger.

Nicht also der *Missbrauch* der Religion führe zur Unmenschlichkeit, sondern die Religion selbst verursache die Unmenschlichkeit. Und deswegen helfe auch keine Bildung. Im Gegenteil: Religiöse Bildung verlängere das Unrecht in die Zukunft! Und dann gibt es Verweise auf die Kreuzzüge, den Nordirlandkonflikt, den Holocaust oder den Streit zwischen buddhistischen Singhalesen und den überwiegend hinduistischen Tamilen in Sri Lanka.

Schon diese Aufzählung deutet allerdings an, dass hier nicht eine einzige Ursache vorliegen kann. In seinem Roman „Das Treffen in Telgte" (1979) hat Günter Grass (1927–2015) am Beispiel des 30-jährigen Krieges, der immer als Religionskrieg verstanden wurde, das Problem benannt:

„… wobei die Standorte der Konfessionen nicht ganz den militärischen Freund-Feind-Positionen entsprachen: das katholische Frankreich hatte sich, bei päpstlichem Wohlwollen, mit Spanien, Habsburg und Bayern angelegt, die protestantischen Sachsen standen mal mit dem einen, dann mit dem anderen Fuß im kaiserlichen Lager. Vor wenigen Jahren waren die lutherischen Schweden über die lutherischen Dänen hergefallen. Heimlich betrieb Bayern seinen Landschacher um die Pfalz. Hinzu kamen meuternde oder das Lager wechselnde Truppenteile ..." usw.

Sehr unübersichtlich. Ich zitiere hier absichtlich aus einem Roman, weil es mir nicht um Geschichtsunterricht geht. Ich will (wie der Roman) das grundsätzliche Problem beleuchten, nicht jedoch historische Fälle analysieren. So mögen konfessionelle Streitigkeiten zu Kriegen geführt haben. Aber auch Fußball hat – wie die Geschichtsbücher aufbewahren – zu Krieg geführt, etwa zu dem berüchtigten „Fußballkrieg" vom 14. bis 18. Juli 1969 zwischen Honduras und El Salvador. Verzichten wir deshalb künftig auf Fußball?

Die Konfessionen haben aber *auch* zum Frieden geführt, so wie der Fußball auch Völker verbinden *kann*. Der Krieg kann also nicht im *Wesen* des Fußballs oder der Konfessionen liegen – was auch immer man historisch als Beispiel anführen mag.

Das „Wesen einer Sache" müsste immer zu gleichen Folgen führen. (So liegt es im Wesen des Alkohols, dass man bei ausreichendem Verzehr immer betrunken wird.) Aber Religion führt nicht zwangsläufig zum Krieg. Ebenso wie der Fußball.

Religiöse oder, besser gesagt: konfessionelle Unterschiede können in vielen Konflikten politische Grenzen *markieren*. Aber die Konflikte leiten sich nie allein oder in letzter Ursache aus dem Religiösen her. Ich meine das grundsätzlich. Das ist *nie* so!

Das Religiöse sucht die Frage nach der Bedeutung der Endlichkeit zu klären, nicht aber Politik zu machen. Das Religiöse *kann* gar nicht gewaltsam sein, weil es eine *gedankliche* Urteilsbildung ist. Gedanken können nicht töten. Sie verlassen nicht einmal unseren Kopf. Sie sind nicht kausal mit der Welt verknüpft. Sie mögen Auslöser von schlimmen Taten sein, aber sie selbst und allein verursachen gar nichts.

Aus dem Religiösen kann keine Handlungsanweisung erfolgen, weil aus Erkenntnissen nicht ohne Zutun anderer Überlegungen Handlungsoptionen erwachsen *können*. (Aus dem Umstand, dass $4:2=2$ ist, folgt nicht, dass beim Teilen von vier Rippen Schokolade an zwei Personen jeder zwei Rippen bekommt. Ist der eine nämlich gesättigt und der andere hungrig, könnte anders gerecht geteilt werden.) Aus dem Religiösen folgt weder direkt die Erfindung von Streitäxten, Kanonen oder Napalmbomben noch die Vermutung, dass Gewalt Probleme eher löst als neue schafft. Das Religiöse beschäftigt sich nur mit einer bestimmten, sehr begrenzten Aufgabe: Das Religiöse motiviert, Fragen zu stellen. Die Frage z. B., wie man so handelt, dass man am Ende aller Tage sagen kann, man habe recht gehandelt. Diese Frage scheint mir nicht von sich aus auf Gewaltausübung gerichtet zu sein.

Krieg und Frieden

Dies wird aber oft behauptet, und man zitiert dann etwa den Koran, um zu zeigen, dass der Islam in seinem Wesen islamistisch, also gewalttätig, aggressiv und expansiv ist. „Wer Böses getan hat, dem soll nur mit Gleichem gelohnt werden" (Sure 40,43).

Man zitiert das Alte Testament, „Auge um Auge, Zahn um Zahn", oder die Beschreibung der Zerstörung der Stadt Jericho.

„Jericho aber war verschlossen und verwahrt vor den Kindern Israel, dass niemand aus oder ein kommen konnte, Aber der HERR sprach zu Josua: Siehe da, ich habe Jericho samt seinem König und seinen Kriegsleuten in deine Hände gegeben. Lass alle Kriegsmänner rings um die Stadt her gehen einmal, und tue sechs Tage also. Und lass sieben Priester sieben Posaunen des Halljahrs tragen vor der Lade her, und am siebenten Tage geht siebenmal um die Stadt, und lass die Priester die Posaunen blasen. (…) Da machte das Volk ein Feldgeschrei, und man blies die Posaunen. Denn als das Volk den Hall der Posaunen hörte, machte es ein großes Feldgeschrei. Und die Mauer fielen um, und das Volk erstieg die Stadt, ein jeglicher stracks vor sich. Also gewannen sie die Stadt und verbannten alles, was in der Stadt war, mit der Schärfe des Schwerts: Mann und Weib, jung und alt, Ochsen, Schafe und Esel. (…) Zu der Zeit schwur Josua und sprach: Verflucht sei der Mann vor dem HERRN, der sich aufmacht und diese Stadt Jericho wieder baut! Wenn er einen Grund legt, das koste ihn den ersten Sohn; wenn er ihre Tore setzt, das koste ihn seinen jüngsten Sohn! Also war der HERR mit Josua, dass man von ihm sagte in allen Landen" (Josua 6).

Freilich könnte man auch den römischen Senator Cato Censorius (234–149) zitieren, jenen „Cato, den Älteren", der jede seiner Reden, ob es nun passte oder nicht, mit dem Satz schloss: „Im Übrigen bin ich der Meinung, dass Karthago zerstört werden muss." Den Einwohnern von Karthago erging es wie den Bewohnern von Jericho. Heute ist Karthago ein kleines Dörfchen. Von der Geschichte vergessen. Folgt nun daraus, dass alle Römer gewalttätig sind?

Wir sollten ehrlich sein: Gewalt ist ein Mittel. Und alle Mittel sind neutral. Dieser Satz gilt (ich gebe zu:) *erschreckenderweise* auch für die Gewalt.

Gewalt wird – auch daran sollte man erinnern – zudem von den meisten Menschen keineswegs als nur schlecht empfunden. Wir akzeptieren sie zum Beispiel sonntagsabends, im Krimi, wenn der Kommissar den Mörder mit der Pistole in Schach hält oder gar tötet, weil anderes Leben in Gefahr ist. Das ist doch Gewalt! Aber soll er ein weiteres unschuldiges Opfer zulassen?

Es gibt kaum – vorab und immer – nur gute *oder* nur schlechte Mittel. Bei der Gewalt wird dies besonders deutlich: Gewaltlosigkeit ist nicht an sich und immer gut. Wann und ob und wie wir Gewalt einsetzen, das kann die Religion nicht entscheiden. Aber *wenn* wir in einer historischen Situation Gewalt als moralisch richtig beurteilen (etwa weil wir einen Gewalttäter in Schach halten wollen, weil wir noch größeres Leid verhindern wollen), dann ist sie auch – zu Recht – religiös motiviert.

Wenn das nicht so wäre, könnte es keine gläubigen Polizistinnen oder Soldaten, keine gläubigen Mitarbeiter im Innen- und Verteidigungsministerium geben. Dann dürfte kein gläubiger Mensch in einer Waffenfabrik arbeiten, nicht mal als Sekretärin oder Fensterputzer. Und da Waffen aus Metall hergestellt werden, dürfte ein gläubiger Mensch auch nicht in der Metallindustrie arbeiten, bei der Erz- oder Energiegewinnung oder in der Lebensmittelindustrie …, weil Soldaten essen müssen und Kriege ohne Versorgung mit Lebensmitteln nicht möglich sind … Wer Gewalt *grundsätzlich* ablehnt, müsste schließlich auch die militärische Befreiung der KZ-Häftlinge als unmoralische und unchristliche Handlung beurteilen. Er müsste sagen, es wäre besser gewesen, sie wären nicht gewaltsam befreit worden.

Vielleicht erklärt sich so ein überliefertes Wort Jesu aus dem Neuen Testament:

„Meint ihr, ich sei gekommen, Frieden auf Erden zu bringen? Nein, sage ich euch, sondern Entzweiung."

Und als sei das noch nicht provokant genug, lässt der Evangelist Lukas Jesus fortfahren:

> „Denn von nun an werden fünf in einem Hause entzweit sein, drei gegen zwei und zwei gegen drei; es werden entzweit sein der Vater mit dem Sohn, die Mutter mit der Tochter und die Tochter mit der Mutter, die Schwiegermutter mit der Schwiegertochter und die Schwiegertochter mit der Schwiegermutter" (Lk 12,51 f).

Die Religion fordert auf, gerecht zu handeln. Unrecht kann nicht toleriert werden: Diebstahl, Raub, Vergewaltigung, Kindesmissbrauch, Totschlag, Mord ..., all das kann man nicht „um des lieben Friedens willen" tolerieren. Hier bedarf es der Unterscheidung, der Entzweiung von gut und böse. *Religion ist nicht tolerant: Sie verurteilt das Böse.* (Dieser letzte Satz besteht aus 8 [acht] Worten und einem Doppelpunkt. Sie *müssen* im Zusammenhang gelesen werden.) *Wie* aber Gerechtigkeit herzustellen ist, darüber kann die Religion allein keine Auskunft geben. Was „böse" ist, wird in einem ethischen Diskurs geklärt.

Nicht die Religion fördert Gewalt, sondern die Menschen machen dies; die Religion fordert auf, eine richtige und gerechte Entscheidung zu treffen und sich an sie gebunden zu fühlen.

Wie schützt man Schutzsuchende?

Wie kann man Schwache schützen? Indem man sie sich selbst überlässt? Der Freiheit der politischen, ökonomischen oder militärischen Kampfzone?

Muss man dem zu Unrecht Verfolgten nicht helfen? Dem um Schutz Flehenden? Notfalls dadurch, dass man die Verfolger gewaltsam von der Verfolgung abhält? Solange Gewalt gegen Schwache ausgeübt wird, wäre es eine doppelte Kränkung der Schwachen, wenn man sie verteidigungslos dem Stärkeren überließe. Beim Propheten Jesaja (Jes 10,2) heißt es:

> „Weh denen, die unrechte Gesetze machen, und den Schreibern, die unrechtes Urteil schreiben, um die Sache der Armen zu beugen und Gewalt zu üben am Recht der Elenden in meinem Volk, dass die Witwen ihr Raub und die Waisen ihre Beute werden! Was wollt ihr tun am Tage der Heimsuchung und des Unheils, das von ferne kommt? Zu wem wollt ihr fliehen um Hilfe? Und wo wollt ihr eure Herrlichkeit lassen? Wer sich nicht unter die Gefangenen bückt, wird unter den Erschlagenen fallen."

Ist diese Argumentation unmoralisch? Eine Gesellschaftsordnung, die den Bedrohten nicht mit angemessener Macht vor Unrecht schützt, scheint mir moralisch nicht vertretbar zu sein. Gewalt darf kein alltägliches Mittel sein. Aber ob man sie einsetzt oder nicht, ist zuerst eine taktische und dann eine ethische Frage.

Das Argument, Gewalt habe noch nie zu etwas Gutem geführt und sei daher unmoralisch, stimmt historisch nicht – gerade, wenn man die deutsche Geschichte als Beispiel anführt. War 1904 der Aufstand der Hereros gegen die deutschen Besatzer unmoralisch? Wer würde wie in Europa leben, wenn man Hitlerdeutschland nicht gewaltsam besiegt hätte?

Ob man Gewalt einsetzt oder nicht, ist eine Abwägung von Rechtsgütern. Keine sehr einfache, zugegeben. Und ergebnisoffen.

Allerdings könnte man nun die Geschichte des Zusammenhangs von Religion und Gewalt auch als ein *mögliches* Verhältnis, als Kampf gegen die Inhumanität, für Freiheit und Selbstbestimmung verstehen – wie es etwa Friedrich Schiller in seiner Abhandlung über den Dreißigjährigen Krieg denkt:

> „Seit dem Anfang des Religionskriegs in Deutschland bis zum Münsterischen Frieden ist in der politischen Welt Europens kaum etwas Großes und Merkwürdiges geschehen, woran die Reformation nicht den vornehmsten Antheil gehabt hätte. Alle Weltbegebenheiten, welche sich in diesem Zeitraum ereignen, schließen sich an die Glaubens*verbesserung* an, wo sie nicht ursprünglich daraus herflossen, und jeder noch so große und noch so kleine Staat hat mehr oder weniger, mittelbarer oder unmittelbarer, den Einfluß derselben empfunden. Die Trennung in der Kirche hatte in Deutschland eine fortdauernde politische Trennung zur Folge, welche dieses Land zwar länger als ein Jahrhundert der Verwirrung dahingab, *aber auch zugleich gegen politische Unterdrückung einen bleibenden Damm auftürmte.* Und so mußte es durch einen seltsamen Gang der Dinge die Kirchentrennung sein, was die Staaten unter sich zu einer engeren Vereinigung führte. Schrecklich zwar und verderblich war die erste Wirkung, durch welche diese allgemeine politische Sympathie sich verkündigte – ein dreißigjähriger verheerender Krieg, der von dem Innern des Böh-

merlandes bis an die Mündung der Schelde, von den Ufern des Po bis an die Küsten der Ostsee Länder entvölkerte, Ernten zertrat, Städte und Dörfer in die Asche legte; ein Krieg, in welchem viele Tausend Streiter ihren Untergang fanden, der den aufglimmenden Funken der Kultur in Deutschland auf ein halbes Jahrhundert verlöschte und die kaum auflebenden bessern Sitten der alten barbarischen Wildheit zurückgab. *Aber Europa ging ununterdrückt und frei aus diesem fürchterlichen Krieg,* in welchem es sich zum erstenmal als eine zusammenhängende Staatengesellschaft erkannt hatte; und diese Teilnehmung der Staaten an einander, welche sich in diesem Krieg eigentlich erst bildete, wäre allein schon Gewinn genug, den Weltbürger mit seinen Schrecken zu versöhnen. Die Religion wirkte dieses alles. Durch sie allein wurde möglich, was geschah, *aber es fehlte viel,* dass es für sie und ihretwegen unternommen worden wäre."

Im letzten Satz dieses auf Fortschritt und damit auf ein gutes Ende der Geschichte hoffenden Gedankenganges weist Schiller auf eine weitere Besonderheit des Verhältnisses von Religion und Gesellschaft hin: Es wäre zu unterscheiden zwischen dem, was religiös *bewirkt,* und dem, was religiös *durchwirkt* war. Aus dem Umstand, dass ein Bankräuber katholisch ist, ist nicht zu schließen, dass dieses religiöse Bekenntnis die Tat „bewirkt" hätte. Ich würde den Satz auf alle Konfessionen anwenden.

Die Vergangenheit besteht aus vielen Geschichten

Um diese Argumentation zu unterstützen, ist die Unterscheidung zwischen Religion und Religionsgeschichte (und von Religion und Konfession) hilfreich. Die Vermischung beider Denkmodelle führt zur Verwirrung. Eine Konfession zum Beispiel geht nicht in ihrer bisherigen Geschichte auf.

Überhaupt: Es gibt die Abstraktion „die Konfession" nicht in der Wirklichkeit. Genauso wenig, wie es „die Geschichte" gibt. Die Vergangenheit besteht aus Geschichten – im Plural. Alle bekannten Konfessionen zeichnen sich durch eine vielfältige Überlieferung aus. Sie bestehen aus Tradiertem, Überliefertem, Vergessenem, Unterdrücktem, Vernachlässigtem, besonders Hervorgehobenem, Kanonisiertem, aus Lautem und Leisem, aus Hauptlinien und Nebenlinien. Einer der berühmtesten Historiker – Johann Gustav Droysen (1808–1884) – hat dies in seinem Grundriss der Historik (1868; dann mehrfach überarbeitet) so formuliert:

„Die historische Wissenschaft ist so wenig eine Photographie aller Wirklichkeiten, wie die Naturwissenschaft eine Sammlung aller Einzelheiten der natürlichen Welt. Beide Wissenschaften sind *Betrachtungsweisen* des menschlichen Geistes, sind dessen Formen, die sittliche, die natürliche Welt wissend zu fassen und zu haben."

Geschichte ist für uns ein Konstrukt aus Sicht der Gegenwart. Immer. Deswegen kann die Geschichte auch kein Richter sein. Sie hat gar nicht das Recht zu urteilen. Das Recht haben nur wir Einzelnen.

Zudem hat die Geschichte sich schon zu oft geirrt. Vielleicht ist sie gar ein einziger Irrtum? Sicherlich fällt einem die Allegorie Walter Benjamins (1892–1940) aus seinen geschichtsphilosophischen Thesen (1940) ein:

„Es gibt ein Bild von Klee, das Angelus Novus heißt. Ein Engel ist darauf dargestellt, der aussieht, als wäre er im Begriff, sich von etwas zu entfernen, worauf er starrt. Seine Augen sind aufgerissen, sein Mund steht offen und seine Flügel sind ausgespannt. Der Engel der Geschichte muss so aussehen. Er hat das Antlitz der Vergangenheit zugewendet. Wo eine Kette von Begebenheiten vor uns erscheint, da sieht er eine einzige Katastrophe, die unablässig Trümmer auf Trümmer häuft und sie ihm vor die Füße schleudert. Er möchte wohl verweilen, die Toten wecken und das Zerschlagene zusammenfügen. Aber ein Sturm weht vom Paradiese her, der sich in seinen Flügeln verfangen hat und so stark ist, dass der Engel sie nicht mehr schließen kann. Dieser Sturm treibt ihn unaufhaltsam in die Zukunft, der er den Rücken kehrt, während der Trümmerhaufen vor ihm zum Himmel wächst. Das, was wir den Fortschritt nennen, ist dieser Sturm.“

So ist auch die Geschichte der Konfessionen ihre jeweilige zeithafte (d. h. in der Zeit verhaftete und gefangene), interessengeleitete Rekonstruktion. Ein anderes Verständnis von Geschichte wäre naiv.

Die Gegenwart ist also erstens nicht die Wahrheit der Vergangenheit. Sie ist genauso wie die Vergangenheit. Und zweitens kennen wir „die Vergangenheit" nicht. Wir haben kein Foto von ihr. Nur Überreste, die wir zusammenpuzzeln müssen. Doch nach welcher Idee? Jede Konfession besteht aus einer hochkomplexen Überlieferungsgeschichte, so dass sich kein einheitliches Bild davon ergibt, ob eine Konfession nun *prinzipiell* gewaltsam oder gewaltlos ist. Historisch mag man eine Statistik aufstellen können, in welchen Konfessionen sich gewaltsame Konflikte

häufen – aber über das Prinzip ebendieser Konfession ist
damit nichts ausgesagt.

Das Wesen einer Konfession liegt
in ihrer Zukunft verborgen

Ein Satz wie „Die Konfession XYZ fördert die Gewalt"
vereinfacht unzulässig einen diffusen Sachverhalt. Man
kann so komplexe Systeme wie jahrtausendealte Überlie-
ferungen und kulturell eingewobene Konfessionen nicht
auf einen Satz reduzieren. Es gibt niemanden, der darüber
befinden könnte, was das *Wesen* einer Konfession ist.

Eine Konfession ist das, was wir aus ihr machen. Das Wesen
einer Konfession liegt in ihrer Zukunft. Eine Konfession
entfaltet sich in ihrer künftigen Geschichte, und diese wird
von Menschen gemacht und ist damit grundsätzlich offen.

Niemand hindert uns heute, diejenigen Traditionen aus
der Geschichte einer Konfession zu bannen und verban-
nen, die zur Inhumanität aufrufen. *Wir können die Vergangenheit nicht verändern, aber wir können die Zukunft gestalten.*

In den Aussprüchen des Konfuzius findet sich die zuerst
merkwürdig anmutende Empfehlung:

> „Zwecklos ist es, über Dinge, die geschehen sind, zu reden.
> Zwecklos ist es, bei Dingen, die im Laufen sind, zu mahnen.
> Zwecklos ist es, zu tadeln, was vergangen ist."

Das klingt inhuman, ist doch die Memoria ein wesentliches
Element der Religion. Die Toten gehören zur Gemeinschaft
aller Menschen (ebenso wie die zukünftigen Menschen –
wir müssen handeln, als ob wir ewig lebten). Wir müssen
uns den gegenwärtigen, den vergangenen und den zukünf-

tigen Menschen gegenüber gerecht verhalten. Aber die kleine konfuzianische Morallehre scheint etwas Besonderes zu meinen. Sie empfiehlt, die Fehler der Vergangenheit nicht zu bejammern, sondern künftig zu vermeiden. Urteile über die Vergangenheit sind billig zu haben. Hinterher weiß man immer alles besser. Aber wir leben nicht hinterher, wir leben vorher. Es gilt, die Zukunft zu gestalten. (Dass man dazu die Vergangenheit kennen muss, versteht sich: wenn man die vergangenen Fehler nicht kennt, kann man sie künftig nicht vermeiden.)

Die Geschichtsbetrachtung beschreibt nur – sie legitimiert nicht und sie dient auch nicht als Widerlegung der Zukunft. (Denken Sie mal, man würde aus dem Umstand, dass Männer früher die Kinder nicht gewickelt haben, schließen, dass sie das auch vom Wesen her nicht könnten. … Die Vergangenheit kann die Zukunft nicht widerlegen.)

Kategorienfehler

Wie konnte es nun zu jenen Handlungen kommen, die uns heute als grausamer Irrtum erscheinen?

Einige Fehlhandlungen, die wir aus den Geschichten der Konfessionen kennen, lassen sich durch das erklären, was man in der Philosophie mit dem Wort „Kategorienfehler" bezeichnet. Damit ist gemeint, dass man das Problem eines Sachgebiets mit einer Antwort aus einem anderen Sachgebiet zu beantworten sucht. Wenn man etwa auf die Frage „Wie spät ist es?" antwortet: „Drei Kilometer." Die Antwort mag ja richtig sein, nur passt sie nicht zur Frage. Der Antwortende begeht einen Kategorienfehler.

Ich will dies, auf die Religion bezogen, an einem Text aus der germanischen Glaubensvorstellung erläutern. Einer der althochdeutschen *Merseburger Zaubersprüche*, die vor dem 9. Jahrhundert notiert wurden, lautet:

„bên zi bêna, bluot zi bluoda, / lid zi geliden, sôse gelîmida sîn."

„Bein zu Bein, Blut zu Blut, / Glied zu Glied, als wenn sie geleimt wären."

Soweit Kulturwissenschaftler es rekonstruieren können, weist dieser Text darauf hin, dass in jenen Zeiten ein Beinbruch nicht nur mechanisch behandelt wurde, sondern zudem durch Magie. Es wurde ein Spruch gesprochen, der die Heilung begleiten oder vielleicht sogar bewirken sollte.

Nun fragt sich heute jeder, ob ein Text geeignet sei, einen gebrochenen Knochen zu heilen. Bei allem Vertrauen in Autosuggestion und Hypnose würde ich einen naturwissenschaftlich ausgebildeten Arzt bevorzugen, der das Bein röntgt, einen Eimer Gips anrührt, das Bein schient und mich krankschreibt, um mich und das Bein in Ruhe auf das Zusammenwachsen warten zu lassen. Kulturwissenschaftler würde ich keinesfalls an mein Bein lassen. Denn es wäre ein Kategorienfehler, von einem Germanisten die Heilung des Beines qua Zauberspruch zu erwarten. Ebenso wäre es ein Kategorienfehler, wenn man von einem Arzt auf Grund seines Wissens über Beinbrüche eine gute Interpretation des Spruchs, seines Versmaßes, seiner Semantik, seiner sprachlichen Besonderheiten erwartete.

Beim Kategorienfehler sucht man die Antwort auf ein Problem in der falschen Schublade. Man sucht einen Schraubenzieher und gerät an die Schublade mit Küchenmessern. Das kann nicht gut gehen. Man sucht Gips und findet ein Buch mit Zaubersprüchen.

Wissen ist gefächert – zu Fachwissen

Das Wissen in der Moderne ist nach Absicht und Methode aufgefächert. Wehe, man vermischt es! Religionsgeschichte ist von Religionsphilosophie zu unterscheiden. Medizin von Theologie. Mathematik von Ethik.

Manche sagen, erst in der Neuzeit habe sich das Wissen so aufgefächert, dass es nicht mehr theologisch und zugleich teleologisch zusammengefasst werden kann wie noch in der Antike oder im europäischen Mittelalter. In teleologischen Denkmodellen meinte man, alle Lösungen für die Aufgaben des Menschen von einer einzigen Idee („Gott", „Natur") her ableiten und regeln zu können. Aristoteles (384–322) schreibt:

> „Was aber natürlicherweise entsteht, entsteht um eines Zweckes willen und es bildet sich sogar immer um eines höheren Zweckes willen als das, was durch Kunst entsteht."

Wenn man den letzten Zweck kennt und angeben kann, dann kann man aus ihm die Lösung ableiten. In der Moderne könne man nun so nicht mehr argumentieren, weil eine einheitsstiftende Idee (der Endzweck) nicht bewiesen werden könne. Und deswegen sei Religion eine Denkform vor der Aufklärung, ein metaphysisches Denkmodell. Die Teleologie sei mit der Aufklärung historisch überholt. Die einheitsstiftende Religion sei in nachmetaphysischen Zeiten ein veraltetes Denkmodell. Und damit sei die Religion ein veraltetes Denkmodell.

Andererseits finden wir genau diese Auffassung schon lange vor dem Mittelalter, in der Antike, übrigens gerade bei religiösen Denkern. Sie warnen vor der Teleologie. Und vor dem Kategorienfehler. Schon in den Gesprächen des Konfuzius (551–479 v. Chr.) lesen wir den Hinweis darauf, dass nicht alles Wissen aus einer Quelle stammt. Vielmehr meint Konfuzius, dass es dreierlei Wissensformen ("Diskurse") bedarf, um sein Leben gelingen zu lassen:

> „Es gibt drei Dinge, vor denen der höhere Mensch Ehrfurcht hat: Er hat Ehrfurcht vor den Offenbarungen des Himmels, Ehrfurcht vor der Obrigkeit, Ehrfurcht vor den Worten weiser Männer."

Offensichtlich geht Weisheit nicht in den Weissagungen des Himmels auf, offensichtlich sind Obrigkeit und Himmel nicht identisch – und beide nicht mit der Weisheit: Religion, Politik und Lebensklugheit (Moralität vielleicht) – das sind *drei* Quellen, aus denen *je Spezifisches* zu schöpfen ist. Wäre alles auf eine Quelle bezogen, bräuchte Konfuzius nicht zu differenzieren, sondern könnte Ethik, Wissen und Politik an den Glauben binden. Zumindest diese kleine Textstelle verfährt so nicht.

Und auch in Europa hat man schon sehr früh diese Einsicht formuliert: Der philosophierende Weltenbummler Demokrit (460–370 v. Chr.) etwa unterscheidet die Menschenwelt von der Welt der Götter:

> „Wer die Güter der Seele wählt, der wählt das Göttliche; wer die Güter des Leibes wählt, der wählt das Menschliche."

Und die Trennung von Wissen und Haltung zeigt sich in folgendem Fragment:

„Die Kunst des Arztes heilt die Krankheiten des Körpers, die Weisheit aber befreit die Seele von den Leidenschaften"

– so dass der Arzt nicht die Seele retten und der Weise nicht den Körper heilen kann.

Der in seinen Formulierungen gern zuspitzende und provozierende griechische Philosoph Epikur (341–270 v. Chr.) räumt mit allen Illusionen auf:

„Es ist sinnlos, von den Göttern zu fordern, was man selber zu leisten vermag."

Alle drei Philosophen hätten auf die Frage, wie man denn einen Beinbruch heilt, geantwortet: „Keinesfalls durch einen Zauberspruch! Vielleicht durch einen Arzt!" Und alle drei hätten auf die religiöse Frage, was die Endlichkeit des Menschen für ihn bedeutet, nicht geantwortet: „Das klären wir durch einen Krieg." Denn diese Antwort beinhaltet einen Kategorienfehler.

Vorsicht! Grenze!

Bei gewaltsamen Konfliktlösungen unter Beteiligung von Konfessionen könnten solche Kategorienfehler stattgefunden haben – tragische Verwechselungen also. Manche Menschen glauben, mit religiösen Antworten die zerbrochene oder zerbrechende Welt heilen zu können. Andere glauben, religiösen Zweifel politisch beantworten zu müssen – etwa ob es nur einen Gott gibt. Das geht aber beides nicht.

Weder Politiker noch das Militär *können* kraft ihres Fachwissens einen Ratschlag dafür parat haben, wie es um die

Zahl der Götter bestellt ist. Und einen Wirtschaftskrieg mit der Begründung zu beginnen, dass Gott es wolle, ist Gotteslästerung und gehört geächtet. Politik darf man nur mit Politik gestalten und Religion mit Religion. Die Wirkungen sind verheerend, wenn man versucht, politische Probleme religiös zu lösen oder religiöse Probleme politisch.

Übrigens gehört die Weisheit von Konfuzius oder Demokrit (welche Gemeinschaft!) bei vielen Konfessionen zum Grundwissen. In der päpstlichen „Erklärung über christliche Erziehung" („gravissimum educationis") vom 28. Oktober 1965 heißt es:

> Die katholische Kirche ist (u.a. bei den von ihr getragenen Universitäten) „bestrebt, dass die einzelnen Disziplinen *mit den ihnen eigenen Prinzipien,* mit ihrer eigenen Methode und mit einer der wissenschaftlichen Forschung eigenen Freiheit so gepflegt werden, dass sich in ihnen Erkenntnisse mehr und mehr vertiefen."

Hier regelt nicht der Glaube die Wissenschaft.

Die Wissenschaften können Fragen stellen, die den Glauben herausfordern mögen. Und der Glaube kann Fragen stellen, die die Wissenschaften herausfordern. Dagegen ist nichts einzuwenden. Schließlich fordert auch die Kunst die Politik heraus und die Politik die Kunst. Aber die Kunst *ist* keine Politik. Sie bleibt Kunst. So wie umgekehrt Politik keine spielerische Kunst ist, sondern todernst.

Und wenn doch?

Nun könnte man einwenden, dass es Konfessionen gibt, die die Kategorien des Politischen und Religiösen nicht unterscheiden. Sie verstehen zum Beispiel die Politik als Fortsetzung der Religion mit anderen Mitteln. Oder sie verstehen die Religion als Fortsetzung der Politik mit anderen Mitteln.

Ja, so ist es, und viele Theoretiker des Christentums haben so argumentiert, wie heute einige Suren des Korans ausgelegt werden: „Und Allah hat Macht über alle Dinge" (18,45).

In seinem Brief an die Kolosser (zwischen 53 und 60) schreibt der Apostel Paulus (ca. 5–64):

> „Denn in ihm wurde alles erschaffen im Himmel und auf Erden, das Sichtbare und das Unsichtbare, (…) alles ist durch ihn und auf ihn hin geschaffen."

Es gab und gibt teleologische Deutungen der Welt. Aber ohne einen Glaubensakt sind sie wechselseitig nicht zu vermitteln. Es wäre demnach klug, in weltlichen Geschäften auf diese geglaubte Vorbedingung zu verzichten. Dieser Verzicht nimmt niemandem seine Überzeugung, gestaltet aber Einheit in der Vielfalt dadurch, dass das Vernünftige zur Pflicht, der Glaube aber zur Aufgabe bestimmt wird.

Die Auffassung, dass Gott den Kreuzzug will, also eine politische Aktion zur Bewahrung der europäischen Vormachtstellung auf dem damaligen Weltmarkt, hat es gegeben – aber deswegen ist sie doch noch nicht richtig.

Die Auffassung, dass der Staat die Religion seiner Bürger bestimmen oder verhindern könnte („cuius regio, eius religio"), hat es gegeben, sicherlich. Aber deswegen ist sie noch nicht vernünftig. Denn sie verzweckt die Religion und gesteht dem einzelnen Menschen kein je individuelles Verhältnis zu Gott zu. Jeder Mensch ist unmittelbar zu seinem Gott. Der Staat hat sich mangels Kompetenz hier herauszuhalten.

Das historische Beispiel kann also die systematische Forderung nicht entkräften. Vom Sein kann nicht auf ein Sollen geschlossen werden. Das Verhältnis von Politik und Religion: Hier gibt es kräftigen und steten Klärungsbedarf – wobei als Regel vorausgesetzt werden muss, dass die Art der Klärung nicht schon das enthalten darf, was erst noch geklärt werden soll.

Ohne Ableitungsverhältnis

Prinzipiell betrachtet, kann die Religion allein keine politischen Antworten geben. Sie hat gar nicht die Mittel und Methoden dazu. Jede Antwort, die eine Konfession auf eine politische Frage gibt, enthält mehr als nur Religiöses. In keinem Glaubensbuch der Weltreligionen steht, wie und wann man Bomben einsetzt und Kriege führt. Da braucht man zusätzlich schon Waffenexperten und Strategen mit gutem Datenmaterial. In der Bibel sind keine Rezepte für den Klimaschutz formuliert, und aus dem Koran erfährt man nicht, welche Atompolitik angemessen ist. Wer einen Religionskrieg führt, führt ihn nicht allein aus religiösen Gründen. Er hat andere Begründungen mit einbezogen, waffentechnische, taktische, strategische, ethische, politische ... So dass jemand mit anderen waffentechnischen, taktischen, strategischen, ethischen oder politischen Überlegungen zu einer anderen Handlungsempfehlung kommt – bei gleicher Konfession!

Wie sollen wir leben?

Inzwischen konnte ich vielleicht deutlicher erklären, warum die Religion politische Aktionen nicht zum Planungsgebiet erklären kann und darf. Religion stellt eine einzige Frage, nämlich wie wir mit unserer Endlichkeit umgehen. Oder noch schlichter: Die einzige Frage der Religion ist der Zweifel daran, dass unsere Endlichkeit schon alles ist.

Die Antwort freilich auf diese Frage hat *Bedeutung* für unser Leben. Denn wenn es der Religion gelingen sollte, uns plausibel zu machen, dass mit dem Tod nicht „alles zu Ende ist", dann fordert sie uns dazu auf, so zu leben, dass wir uns auch in alle Ewigkeit verantworten können. Sie sagt: „Handle angesichts der Ewigkeit verantwortungsvoll!" Wir müssen die Verantwortung für die Welt übernehmen, auch für die Zeit nach unserem leiblichen Tod. Wir müssen jetzt so handeln, als ob wir ewig lebten.

Damit positioniert sich die religiöse Betrachtung der Welt und des Handelns. Was genau daraus folgt, steht (hoffentlich) in keinem Glaubensbuch. In der Bibel jedenfalls steht es nicht. Es *kann* auch nicht drin stehen, weil die kulturellen Bedingungen, unter denen wir glauben, sich dauernd verändern und daher immer neue Handlungsoptionen zulassen. Religion und Politik stehen in einem Spannungsverhältnis zueinander, in einer Relation, einer Beziehung – aber nicht in einem Ableitungsverhältnis. (Im zweiten Kapitel – „Als ob" – habe ich das Verhältnis schon beschrieben.)

Man kann aber auch positiv argumentieren. Ich will es an einem Beispiel versuchen: Wenn man glaubt, dass mit dem eigenen Tod „alles zu Ende ist", könnte man sich fragen, wozu man Kinder in die Welt setzen sollte. Man teile mit ihnen ja doch nur eine kurze Phase des Lebens. Man müsse sie unter Schmerzen gebären, stillen und windeln, zur Schule schicken, müsse ihre Hausaufgaben in Mathe nachsehen – und wenn sie 20 Jahre alt wären, zögen sie in die Welt hinaus und „tschüss". 20 Jahre des Lebens hätten im Dienst einer fremden Macht gestanden. Man könne mit kleinen Kindern nicht regelmäßig ins Kino, jederzeit und spontan in den Urlaub (Schulferien!), sich öfter mal frisch verlieben, fein Essen gehen, nächtelange Feste feiern, einfach mal nichts tun … Alle zentralen Indikatoren von Lebensqualität würden nicht bedient. (So mein Gedächtnisprotokoll aus vielen Gesprächen in Bus und Bahn.) Ein Viertel des Lebens Dienst am Kind.

Aber was bedeutet diese Zahl, wenn man sich *vorstellt*, ewig zu leben? Kinder bringen einem vermutlich keinen Profit, aber es ist schön, Kinder aufwachsen zu sehen. Es macht Sinn, dass sie das Leben weitertragen, dass die Welt weiterbesteht, denn die Menschheit braucht noch etwas Zeit, um ihre Lage zu verbessern. Friedrich Schiller hat dies einmal anrührend ausgedrückt und erklärt, warum Kinder etwas *Heiliges* haben:

> „Nicht weil wir von der Höhe unserer Kraft und Vollkommenheit auf das Kind herabsehen, sondern weil wir aus der *Beschränktheit* unsers Zustands, welche von der *Bestimmung*, die wir einmal erlangt haben, unzertrennlich ist, zu der grenzen-

losen *Bestimmbarkeit* in dem Kinde und zu seiner reinen Unschuld *hinaufsehen*, geraten wir in Rührung, und unser Gefühl in einem solchen Augenblick ist zu sichtbar mit einer gewissen Wehmut gemischt, als dass sich diese Quelle desselben verkennen ließe. In dem Kinde ist die *Anlage* und *Bestimmung*, in uns ist die *Erfüllung* dargestellt, welche immer unendlich weit hinter jener zurückbleibt. Das Kind ist uns daher eine Vergegenwärtigung des Ideals, nicht zwar des erfüllten, aber des aufgegebenen, und es ist also keineswegs die Vorstellung seiner Bedürftigkeit und Schranken, es ist ganz im Gegenteil die Vorstellung seiner reinen und freien Kraft, seiner Integrität, seiner Unendlichkeit, was uns rührt. Dem Menschen von Sittlichkeit und Empfindung wird ein Kind deswegen ein *heiliger* Gegenstand sein, ein Gegenstand nämlich, der durch die Größe einer Idee jede Größe der Erfahrung vernichtet und der, was er auch in der Beurteilung des Verstandes verlieren mag, in der Beurteilung der Vernunft wieder in reichem Maße gewinnt."

Kinder sind „heilig", weil sie uns Sinnbild der Unendlichkeit sind und Beispiel für die Unendlichkeit der Aufgabe – unseres Lebens und ihrer Bildung.

Selbst pädagogische Konzepte haben demnach einen religiösen Bezug – und die Vorstellung, man könne Bildungsstandards festlegen, deren Erreichung Ausdruck von Bildung (also Selbstbestimmung) wäre, erscheint angesichts dieser Gedanken recht einfältig. Das Ziel der Bildung ist Bildung, ebenso wie der Zweck des Menschen der Mensch ist …, genauer: das Göttliche am Menschen, nämlich seine Unendlichkeit, seine Orientierung an Wahrheit, Sittlichkeit und Schönheit. Diese Orientierung macht den Menschen aus, ohne ihn zu bestimmen.

Die Religion als Grenzwächter

Das Bedenken der Endlichkeit hat politische Relevanz: Nicht in dem Sinn, wie ich es in meiner Kindheit gehört habe, dass der Pfarrer von der Kanzel eine bestimmte Partei empfahl. Nicht in dem Sinn, dass man andere Länder zwingt, die eigene Auffassung zu übernehmen. Alles das *widerspricht* der Religion und wäre nie und nimmer religiös zu verteidigen. Es hätte nie geschehen dürfen. Die Religion kann nicht sagen, wie Politik geht.

Aber die Religion kann prüfen, ob die Politik sich jener Felder zu bemächtigen sucht, die ihr nicht zustehen. Es gibt Grenzen der Politik, und die Religion könnte einige benennen und bewachen. Es gibt Grenzen der Wirtschaft, und die Religion könnte einige benennen und bewachen. Wenn Wirtschaftsweise behaupten, die Glückseligkeit der Menschen am Bruttoinlandsprodukt ablesen zu können, dann muss die Religion diesem Ansinnen Einhalt gebieten und zwischen Erfolg und Sinn unterscheiden. Wenn die Wirtschaft den Menschen nach einem kalkulierbaren *Wert* bemisst, dann muss die Religion hier Einhalt gebieten und die *Würde* des Menschen dagegensetzen: Ein Wert lässt sich bestimmen und oft berechnen, die Würde nicht. Wenn Freiheit nur die Freiheit des Marktes meint, dann muss die Religion auf die Freiheit des Menschen hinweisen, darauf, vorab die Regeln dieses Marktes selbst zu bestimmen.

Immer wenn die Politik versucht, den Menschen zu verzwecken, zu bestimmen, festzulegen, ihn für etwas angeblich Endgültiges einzusetzen, dann muss die Religion warnen. Sie muss bezweifeln, dass die Politik Lebenssinn verordnen kann. Entscheidungen wären anzuzweifeln, die von der Endlichkeit des Menschen ausgehen oder Ungleichheit und Endgültigkeit postulieren.

Mit Religion allein lässt sich kein Staat machen und kein Parteiprogramm oder eine Tischvorlage für den Ethikrat ausformulieren. Aber Religion stiftet uns an zu der Frage, wie wir so handeln können, dass die Freiheit aller zur Religion (nämlich zur Selbstbestimmung) gewährleistet bleibt.

Ich würde mich – bis zum Beweis des Gegenteils – zu der Vermutung hinreißen lassen, dass religiöses Denken allein aus eigener Kraft keinerlei materiale Entscheidungen im Bereich der Politik oder Ethik fällen kann. Wir Menschen müssen schon selber nachdenken, darüber, wie die Erde ist und aussehen soll, und darüber, was gerecht ist.

Sehr wohl hat aber die Religion Bedeutung für Politik und Ethik, insofern als sie alles Handeln unter Ewigkeitsvorbehalt stellt: *Handle so, dass die Maxime deines Handelns der Idee der Menschheit als sich ewig bildende und zu verantwortende nicht zuwiderläuft.* Das wäre der religiöse Imperativ, der für alle Menschen gilt.

7. Warum wir immer schon in einer Konfession leben (Eine erkenntnistheoretische Überlegung)

Vielleicht habe ich einige Leser verärgert, als ich versucht habe aufzuzeigen, dass jeder Mensch religiös denkt. Oder vorsichtiger ausgedrückt: *Dass jeder Mensch genau jene Frage stellt, die die Religion als ihre zentrale Frage bestimmen sollte.* Keineswegs war eine Vereinnahmung meine Absicht, denn eine solche Vereinnahmung würde der Auffassung widersprechen, dass Religion *immer Zweifel an allen Endgültigkeiten* ist …

… Aber Sie haben sofort die Paradoxie dieses letzten Satzes erkannt: „Zweifle *immer* an *allen* Endgültigkeiten" …, damit wäre der Zweifel auch eine Endgültigkeit, die er aber doch bezweifeln soll … Und wenn ich darüber hinaus auch den Zweifel am Religiösen als religiös bezeichnen würde, dann würde dies wohl wie ein böser Taschenspielertrick erscheinen.

Ich versuche nur aufzuzeigen, dass die Religion ein Problem bedenkt, das allen Menschen zukommt und das auf jeden einzelnen Menschen zukommt – ob man es nun als religiöse Aufgabe versteht oder als metaphysisches Problem. Oder als lebensweltliche Agenda, auf die einen die Arbeitskollegen aufmerksam machen, wenn sie einem zur Pension eine Kiste Champagner schenken (oder eine elektrische Wärmedecke) … „für die *letzte* Phase deines Lebens" … Das Problem stellt sich immer. Und wir müssen uns ihm stellen, wenn wir denn rational handeln wollen (und das sollen wir, sagt die Religion). Es ist die Frage nach dem Umgang mit der Endlichkeit und die Suche nach dem, was uns antreibt – nach dem Sinn.

Die Aufgaben des Menschen

So ganz frei sind wir freien Wesen nicht: Manche Aufgaben müssen wir lösen, wenn wir leben wollen. Wir müssen, ob wir wollen oder nicht, arbeiten – und sei es, dass wir Mangos und Bananen so ernten, wie sie uns in den Mund wachsen, oder – als Nachfahren Robinson Crusoes – einen Nachfolger Freitags suchen, der für uns am laufenden Band schuftet. Auch Verwaltung ist Arbeit. Wir Menschen sind zur Arbeit bestimmt. Der Hinweis auf die Notwendigkeit der *Arbeit* ist nun doch keine „Vereinnahmung"!

Niemand kann sich vereinnahmt fühlen, wenn man ihn darauf hinweist, dass bald wieder die Bürgermeisterin durch Wahlen im Amt bestätigt werden soll oder der Kleingärtnerverein einen neuen Vorstand braucht. Dass wieder einmal zu regeln ist, wie viel Taschengeld Kirsten (6) und Lars (10) bekommen (gleich oder gerecht?). Dass darauf zu reagieren ist, dass sich der Nachbar beschwert hat, weil die Musik bei uns zu laut sei: Wir müssen immer das Verhältnis zu anderen regeln (*Politik* und *Ethik*).

Niemand kann sich vereinnahmt fühlen, wenn er gefragt wird, wie's, bitte schön, zum Bahnhof (oder zum Theater, zu Edeka oder zu den Waschräumen) geht – und er es *richtig* erklären sollte (*Pädagogik*).

Niemand kann sich vereinnahmt fühlen, wenn er darauf hingewiesen wird, dass sein neuer Mantel schick aussähe, nur der Schal farblich nicht passe. Wir gestalten uns und unsere Welt immer schon, indem und weil wir sie brauchen – und daher können wir sie schön oder hässlich gestalten (*Ästhetik*).

Schließlich kann kein Mensch ohne die Frage nach der Sinnhaftigkeit seiner Handlungen leben: „Wozu soll ich die Küche aufräumen? Ist am Abend doch wieder von allen durcheinandergebracht!" Wir handeln nie absichtlich ohne *Sinn*.

Jeder Mensch *muss* sich damit abfinden, dass er nur begrenzte Zeit hat, diesen Sinn zu erfahren und zu leben; dass er zudem (ob er will oder nicht) Verantwortung für eine Zeit hat, die er nicht mehr erlebt. (Ich hatte dies als die zentrale Frage der Religion bezeichnet, aber wen das Wort „Religion" stört – weil er anderes damit verbindet als ich –, der kann das Wort so lange vermeiden, wie er der gestellten Frage nicht ausweicht.)

Wir können all diesen *Aufgaben* und daher *Bestimmungen* nicht ausweichen. Zu diesen Aufgaben und Bestimmungen gehört das Bemühen um Wahrheit, Sittlichkeit, geselligen Umgang, Arbeit, Schönheit und um die Beantwortung der Frage, wie und wozu man alles erwirbt. Der Erziehungswissenschaftler Dietrich Benner (* 1941) nennt dies die sechs Lebensaufgaben des Menschen: Arbeit, Politik, Ethik, Pädagogik, Kunst und Religion. Aufgaben, die alle bedingt sind durch Freiheit, Geschichtlichkeit, Sprachlichkeit und Leiblichkeit. Diese sechs Lebensaufgaben stellen sich allen Menschen zu allen Zeiten. Sie sind zeitlos. Sie sind zudem „gleichursprünglich", d.h., sie alle sind jedem Menschen auf einmal aufgegeben und müssen in jeder Lebenssituation im Ausgleich bearbeitet werden. Keine dieser Bearbeitungen darf über eine andere Aufgabe herrschen. Falls so etwas versucht wird, wäre dies ein Kategorienfehler. Gleichwohl stehen die Aufgabenfelder in einem Bezug zueinander: Die Kunst darf nicht durch die Politik gemaßregelt werden, gleichwohl hat eine bestimmte Auffassung von Kunst Konsequenzen für die Politik, und eine bestimmte Auffassung von Politik hat Konsequenzen für die Kunst. Die Religion darf nicht die Politik regeln; aber sicherlich hat religiöses Denken Konsequenzen für die Politik. Und umgekehrt.

Zu allen Zeiten

Diese Bestimmung des Menschen legt ihn fest; sie weist Aufgaben aus, denen sich jeder – ob er will oder nicht – stellen muss, weil er sie, seit er lebt, immer schon *irgendwie* beantwortet hat. Nicht anders ist es mit der Frage nach der Bedeutung unserer Endlichkeit fürs Leben. Wir können uns ihr nicht nur stellen; wir *müssen* es – weil wir es schon immer tun: „Schlafen kann ich, wenn ich tot bin", sagen manche, die nur im Jetzt leben wollen. Eben: Sie rechnen mit dem Tod. Verlassen sich auf ihn. Das ist doch ein Bekenntnis.

Ich wüsste nun nicht, wie man jenen Diskurs anders als *religiös* nennen sollte, der die Frage stellt, inwiefern das Nachdenken über den Tod das Leben beeinflusst. Insofern dieser Diskurs unvermeidlich ist, gehört das Religiöse in diesem Sinne zu jedem Menschen. Ich vermute, dass bei der Sorge vor der Vereinnahmung etwas anderes befürchtet wird: dass man eine *Aufgabe* mit ihrer *Lösung* verwechselt. Aber zumindest diese Sorge kann man den Kritikern nehmen, wenn man eine Unterscheidung einführt.

Eine wichtige Unterscheidung

Die *religiöse* Frage nach dem Umgang mit unserer Endlichkeit ist eine anthropologische Frage, die sich *jedem Menschen zu allen Zeiten* gestellt hat: Alle Menschen wussten
immer um ihre Sterblichkeit und mussten sich daher fragen, welche Bedeutung das Wissen um die Sterblichkeit
hat. Es kam zu Überlegungen, die ich die *Ethik des Alterns*
genannt habe: Man hat nur eine begrenzte Zeit als Gast
auf Erden, um das zu tun, was man tun will, aber zugleich
muss man das, was man tut, unter der Perspektive betrachten, dass unser Tun über unser individuelles Ende hinaus
eine Bedeutung für die Menschen hat. Unser Tod entbin-
det uns nicht von der Verantwortung für die Zeit danach,
gleichgültig, ob man diese Zeit *Ewigkeit* oder *Geschichte*
nennt. Unsere Lebensaufgaben gehen über unser Leben
hinaus.

Aber ob Menschen diese Frage mit Hilfe einer Überlieferung beantworten, ob sie sich auf eine geoffenbarte Religion beziehen oder selbst einen Glauben begründen wollen, ist damit noch nicht geregelt. Ob sie die Frage
lebensweltlich und alltäglich Stück für Stück, Aufgabe für
Aufgabe oder in einem Stück und grundsätzlich beantworten, wird recht unterschiedlich gehandhabt.

Zur Unterscheidung von Religion und Konfession

Die *anthropologische und allgemeine* Frage nenne ich Religion.
Die *geschichtliche und individuelle* Antwort auf diese Frage
nenne ich Konfession (confessio = lateinisch für „Bekenntnis"). Man *bekennt* sich zu einer Antwort, die man für die

richtige hält. (Allerdings kann man sich auch hier schon wieder fragen, warum man etwas für richtig hält, für etwas, was wahr sein soll. Denn das *Für-wahr-Halten* kann man nicht begründen, weil die Begründung schon etwas enthält, was man für wahr hält ..., nämlich alle Worte. Dieses *Für-wahr-Halten* aber will man doch erst begründen. Wieder öffnet sich ein Regress ins Unendliche.)

Alle Menschen müssen sich der religiösen *Frage* stellen, aber sie *beantworten* sie durch völlig unterschiedliche Bekenntnisse – zuallererst durch den Zufall. Wäre ich 300 km weiter östlich geboren, wäre ich nicht katholisch geworden ...; wäre ich 3000 km weiter südöstlich geboren worden, wäre ich Muslim geworden.

Man kann die religiöse Frage auch mit dem Satz „Ich glaube an nichts" beantworten. Allerdings ist auch dieser Satz ein Bekenntnis. Er ist ein Glaubensakt. Denn der Satz „Es gibt nur das Nichts" kann nicht bewiesen werden. Er ist eine Behauptung. Und weil der, der ihn ausspricht, davon ausgeht, dass diese seine Behauptung stimmt, gibt er ein Bekenntnis ab. Man kommt nicht aus dem Bekenntnis heraus. Da gibt es keinen Zaubertrick.

Die religiöse Frage ist für alle Menschen gleich: Wie denke und handle ich angesichts meiner Endlichkeit? Aber das Bekenntnis zu einer Antwort differiert nach Zeiten und Menschen.

„Es gibt keinen Gott!" ist also die religiöse Aussage eines Menschen, der sich zu keinem institutionell überlieferten Glauben bekennt: „Der Atheismus ist theo-logisch. Nicht weil er gelegentlich in die Erinnerung an das ‚Gott ist tot' verfällt, sondern weil er von ‚allem' so spricht (z.B. im ‚Alles ist erlaubt'), wie die klassische Philosophie von Gott sprach", argumentiert André Glucksmann (1937–2015) in seinem Buch über die „Meisterdenker" (1977). Sätze, die etwas über „Alles" oder „Nichts" aussagen wollen, machen eine Voraussetzung, die sie nicht beweisen können.

Zum Verhältnis von Konfession und Religion

Es kann nur eine Religion geben, aber es wird immer viele Bekenntnisse (Konfessionen) geben. Alle Bekenntnisse arbeiten an der einen Religion. Sie ist vorausgesetzt. Diese eine Religion kann man aber nicht formulieren. Sie ist nicht anders als durch ein Bekenntnis auszudrücken. Diese These will erläutert sein.

Man kann nicht schlechthin glauben, sondern man kann nur *an etwas* glauben. Der Satz „ich bekenne" provoziert die Frage: „... und was?" Die Formulierung „Ich glaube" ist unvollständig, weil sie nach dem verlangt, an was jemand glaubt. Das Bekenntnis „Ich liebe" braucht einen Adressaten – wen oder was? „Ich hoffe" ... schon klar, aber auf was?

Die Religion ist keine Praxis, sondern eine Voraussetzung; sie ist ein notwendiger zeitloser Denkakt. Aber: Religion kann *nur* als Bekenntnis reflektiert werden. Entweder man glaubt an etwas oder an nichts. Man kann aber weder beides noch gar nichts von beidem tun.

Einige verwegene Konsequenzen

Es gibt also nicht viele Religionen auf der Welt, sondern nur die eine religiöse Frage: Sie betrifft die Suche nach dem gültigen Umgang mit unserer Endlichkeit.

Aber es gibt viele Konfessionen auf der Welt, die im Bemühen um die Frage stehen, wie man denn die eine Frage der Religion am besten beantwortet. Es gibt so viele Konfessionen, wie es Menschen gibt (beziehungsweise nicht ganz, weil sich einige Konfessionen institutionalisiert haben und sich Millionen von Menschen zu diesen etablierten Konfessionen bekennen. Aber davon im nächsten Kapitel.)

Der Philosoph Immanuel Kant hat diesen Gedanken ganz grundsätzlich formuliert:

> „Es ist nur *eine* (wahre) Religion; aber es kann vielerlei Arten des *Glaubens* geben … Es ist daher schicklicher (wie es auch wirklich mehr im Gebrauche ist), zu sagen: dieser Mensch ist von diesem oder jenem (jüdischen, mohammedanischen, christlichen, katholischen, lutherischen) *Glauben* als: er ist von dieser oder jener Religion."

Die Unterscheidung zwischen Religion (als notwendiger *Frage*, die mit dem Menschsein gegeben ist) und Konfession (als *Antwort*) fasst Kant als Unterscheidung zwischen „Religion" und „Glaube".

> „*Verschiedenheit der Religionen*: ein wunderlicher Ausdruck! gerade, als ob man auch von verschiedenen *Moralen* spräche. Es kann wohl verschiedene Glaubens*arten* historischer, nicht in die Religion, sondern in die Geschichte der zu ihrer Beförderung gebrauchten, ins Feld der Gelehrsamkeit einschlagender Mittel und eben so verschiedene *Religionsbücher* (Zendavesta, Vedam, Koran usw.) geben, aber nur eine einzige, für alle Menschen und in allen Zeiten gültige Religion. Jene also können wohl nichts anders als nur das Vehikel der Religion, was zufällig ist, und nach Verschiedenheit der Zeiten und Örter verschieden sein kann, enthalten."

Diese Sätze kränken sicherlich ganz massiv alle Konfessionen. Und es könnte scheinen, als ob Kant eine neue Religion stiften wolle, nämlich jene, die über allen Konfessionen steht: die Vernunftreligion. Das wäre freilich paradox: eine Konfession zur Abschaffung der Konfessionen zu stiften.

Keine Religion ohne Konfession

Aber Kant wollte keine Konfession stiften, sondern erklären, warum es so viele gibt. Ich übersetze einmal den Gedankengang: So, wie wir nicht „an sich" lieben können, sondern immer etwas oder eine Person lieben müssen, um unser „Lieben" zu leben; so, wie wir nicht an sich trinken können, ohne *etwas* zu trinken; so wie wir nicht essen können, ohne *etwas* zu essen, so müssen wir immer an *etwas* glauben, wenn wir glauben wollen. (*Und dass wir glauben müssten, hatte ich zu zeigen versucht.*) Die zeitlose Grundfrage nach dem Verhältnis des Menschen zu seiner Endlichkeit wird immer zeithaft beantwortet. Das könnte die Religionsgeschichte aufzeigen.

An den Beispielen wird aber noch etwas anderes deutlich: Wenn wir etwas essen, essen wir etwas anderes nicht. Wir essen immer etwas Bestimmtes, und wir essen es, weil wir davon überzeugt sind, das es richtig und gut ist, dass wir genau dies essen. Wir können sicher eine Weile überlegen, was wir essen, aber je länger wir überlegen, umso drängender wird die Notwendigkeit, beim Überlegen vielleicht schon eine Kleinigkeit zu essen.

Und bei Kindern können wir nicht warten, bis sie gelernt haben, über das Essen zu entscheiden. Umgekehrt ist es sogar: Um entscheiden zu lernen, müssen sie gegessen *haben*. Muss ich die Analogie ausformulieren?

Und noch etwas: Wenn wir essen, sind wir überzeugt, dass wir genau das essen wollen, was wir essen. Erst nachträglich können wir darüber sprechen, ob es das Richtige war, zu viel oder zu wenig.

Wir sind demnach *immer schon* in einer Konfession (in einem Bekenntnis zur Bedeutung des Todes). Und immer sind wir davon überzeugt, dass es die richtige ist. Auch der, der an das Nichts glaubt, ist ja davon überzeugt, dass es dieses Nichts gibt und dass der Glaube an das Nichts das Einzigrichtige ist. Auch er bekennt sich zu seinem Glauben.

Der richtige Glaube? Gibt es den?

Aber welche Konfession ist die richtige? Das lässt sich nicht beweisen. Es lässt sich nicht beweisen, weil der Beweis in die Vernunft gehört, die Konfession aber als Motivation *für* die Geltung der Vernunft aufgesucht wird, also selbst nicht wieder vernünftig sein kann. Wir können daher nicht prüfen, welche Konfession die richtige ist. Aber das ist auch – zumindest nach Kant – nicht schlimm. Denn *jede* Konfession ist ja nur Vehikel für die Religion …

… aber damit könnten wir unter Umständen doch schon ein Qualitätskriterium gewonnen haben. Es lautet: Alle Konfessionen, die der Idee der Religion widersprechen, haben ein Problem. Sie haben, was die Philosophen ein „Legitimationsdefizit" nennen. Sie decken gar nicht ab, was abzudecken ihre Aufgabe ist – nämlich die religiöse Frage anzugehen. Sie erfüllen die Aufgabe nicht, zu der sie eingesetzt sind. Eine Konfession, die keine Antwort auf die religiöse Frage gibt (und stattdessen andere Fragen zu beantworten sucht), gehört eben nicht zur Religion. Sie mag zwar faktisch herrschen, beliebt sein, Anhänger finden, eine tolle Performance bieten, sie mag darum Bedeutung haben, für was auch immer, aber sie kann nicht das Recht beanspruchen, Religion zu sein. Sie lässt die religiöse Frage unbeantwortet.

Es gab und gibt viele unreligiöse Konfessionen (politische Weltanschauungen wie … na, schlagen Sie die Geschichtsbücher auf! Stichwort: Ideologie, aber diese zu betrachten wäre Aufgabe der Politik oder Geschichtsschreibung. Das soll hier nicht geschehen). Gläubige müssen also prüfen, ob ihre Konfession überhaupt religiös ist!

Wissen oder Glauben

Konfessionen *müssen* religiös sein, sie können demnach nicht beanspruchen, wissenschaftlich oder beweisbar zu sein. Dann wären sie keine Konfession mehr, sondern Teil des intersubjektiven Wissenschaftssystems. (Der Kommunismus hat sich immer als „wissenschaftlich" bezeichnet, weil er keine Glaubenssache sein wollte, sondern eine wissenschaftliche Letztbegründung: Ich habe oben den programmatischen Titel und das Selbstmissverständnis von Friedrich Engels' Buch schon erwähnt: „Die Entwicklung des Sozialismus von der Utopie zur Wissenschaft". Aber „Die Entwicklung des Christentums von der Utopie zur Wissenschaft"? Das hat noch niemand zu schreiben versucht.)

Konfessionen können sich daher nicht *mit wissenschaftlichem Anspruch* zu Gegenständen oder Sachverhalten äußern.

Dieser Grundsatz mag deutlich werden, wenn ich ihn an Beispielen illustriere: Die Heilung eines Beinbruchs ist kein Thema der Religion. Beim Beinbruch helfen zuerst Gips und Metallschiene. Es gibt keine katholische Medizin, auch keine islamische oder anderweitige. (Aber wenn man glaubt, mit Gips und Metallschiene *allein* könne man dem ganzen Menschen helfen, dann wird dieser Absolutheitsanspruch zu einem religiösen Thema.)

Die Naturgeschichte kann nicht religiös qua Offenbarungstexten erforscht werden, dazu braucht man vielmehr Schaufel und Spaten, Mikroskope und chemische Substanzen. (Wenn man aber glaubt, den Sinn der Welt mit Schaufel und Spaten ausgraben und mit Mikroskopen und chemischen Substanzen finden zu können, dann muss die Religion einschreiten und auf den Wahn dieses Ansinnens verweisen.)

Wie weit wir die Umwelt benutzen, d.h. nutzen dürfen, lässt sich nicht religiös beantworten. Vielmehr bedarf es hierzu naturwissenschaftlicher Forschungen – und der Klugheit, nicht das Holz des Schiffes zu verheizen, auf dem man sitzt, um das Meer der Zeit zu bezwingen. Auch wenn man nicht an die Schöpfung glaubt, kann man nämlich keinen Fisch mehr essen, wenn das Meer leergefischt ist. (Der Glaube an die Schöpfung kann uns allerdings motivieren, dass wir das, was wir mittels Wissenschaft herausfinden, auch ernst nehmen.)

Wahrheitsaussagen können Konfessionen grundsätzlich nicht (oder nicht besser oder nicht anders als die Wissenschaften) formulieren. Wohl aber können Konfessionen zur Suche nach Wahrheit stimulieren. Sie dürfen ihren religiösen Auftrag nicht vernachlässigen, zurückstellen, anderem unterordnen oder vergessen. Diese Erkenntnis ist keineswegs neu: In der um 465 vor Christus aufgeführten Tragödie „Die Schutzflehenden" des griechischen Erfolgsautors Aischylos (525–456 v. Chr.) singt der Chor:

> „Götter ihr unseres Geschlechts, erhört mich, denn ihr wollt das Gerechte!"

Die Götter wollen das Gerechte, aber sie *geben* es nicht. Darum müssen sich schon die Menschen selbst bemühen.

In einer eindrucksvollen Rede forderte – der Überlieferung nach – Jesus ganz in diesem Sinne seine Zuhörer auf, selbstständig zu urteilen:

> „Außerdem sagte Jesus zu den Leuten: Sobald ihr im Westen Wolken aufsteigen seht, sagt ihr: Es gibt Regen. Und es kommt so. Und wenn der Südwind weht, dann sagt ihr: Es wird heiß. Und es trifft ein."

So weit die Beschreibung der Urteilsfähigkeit der Menschen. Sie beherrschen die instrumentelle Vernunft, sie beherrschen sie sogar so gut, dass sie Erfahrungen benutzen, um Voraussagen zu machen. Und in moralischen Fragen? Da verzichten sie – so Jesus – auf das eigene Denken:

> „Ihr Heuchler! Das Aussehen der Erde und des Himmels könnt ihr deuten. Warum könnt ihr dann die Zeichen dieser Zeit nicht deuten? *Warum findet ihr nicht schon von selbst das rechte Urteil?*" (Lk 12,54 f.)

Habe Mut, dich deines eigenen Verstandes zu bedienen.

Auch Politik kann nicht stringent aus Glaubenssätzen abgeleitet werden, denn die sittliche Verantwortung entsteht ja aus der Freiheit des Menschen – und nicht aus der Folgsamkeit. Eine Konfession verfügt über keinerlei Möglichkeiten, der Politik originäre Handlungsanweisungen zu geben. Katholische Politik gibt es nicht, wohl aber die Politik von Katholiken.

Die Religion darf der Vernunft nicht widersprechen

Da die Religion den Gebrauch der Vernunft motivieren soll, darf die Konfession nichts verlangen, was der Vernunft widerspricht.

Weil die Religion zur Einhaltung des als moralisch Erkannten motivieren soll, darf eine Konfession keine Handlungen verlangen, die unmoralisch sind. „Der höhere Mensch", heißt es bei Konfuzius, „der gegen die Menschlichkeit verstößt, hört auf, es zu sein."

Es wäre nicht auszuhalten, wenn wir auf den Bahnen der Vernunft zur Grenze kommen, von der aus wir die Religion sehen können, und dann würde die Konfession umgekehrt diese Vernunft, die die Religion doch gefunden hat, ablehnen. Das Denken kann nicht zugleich die Vernunft ächten *und* benutzen.

Eine Konfession darf in ihren Vorschriften und rituellen Handlungen nicht der gültig begründeten Moral und nicht der instrumentellen Vernunft auf den Gebieten widersprechen, auf denen die Ethik und die instrumentelle Vernunft zuständig sind. Aber eine Konfession darf die Frage stellen, wie weit die Regeln der Vernunft und die dadurch gefundene Moral reichen und gerechtfertigt sind. Die Konfession darf zweifeln. Und sie muss prüfen.

Die Einheit der Religion –
die Vielfalt der Konfessionen

Wir brauchen die Konfessionen, um religiös sein zu können. Wir können das Allgemeine immer nur konkret denken. Wir können nicht ein Bild an sich anschauen, sondern nur ein Bild von etwas. (Auch ein abstraktes Bild bleibt ein Bild.) Wir können nicht an einen abwesenden, sondern nur an einen sich offenbarenden Gott glauben.

Diese Deutung des Verhältnisses von Religion und Konfession ermöglicht es uns, mit der Vielfalt der Konfessionen einvernehmlich umzugehen. Nicht im Sinne einer gleichgültigen Toleranz, auch nicht im Sinne eines lokalen Autismus, der nicht weiß, was der Nebenmann denkt. Auch nicht in dem Sinne, dass man die anderen Konfessionen subtil beeinträchtigt, bekämpft, isoliert, behindert oder marginalisiert. (Wie musste man sich als Christ in Deutschland schämen, wenn man sah, wie in elenden Industriegebieten Moscheen eingerichtet wurden, ärmlich, hässlich, unwürdig, als die ersten Arbeitsmigranten mit islamischem Bekenntnis zu uns kamen. Und wie schrecklich ist es zu lesen, dass in manchen arabischen Ländern der Bau oder die Nutzung christlicher Kirchen be- oder verhindert wird: Das ist dem eigenen Bekenntnis unwürdig und zeigt zudem mangelndes Selbstbewusstsein. Wenn man der eigenen Konfession nicht mehr zutraut, als sich durch Verwaltungsakte zu behaupten …, dann kann man nicht viel von ihr halten.)

Die Unterscheidung von Religion und Konfession erlaubt es uns, die Vielfalt der Konfessionen als unterschiedliche Arbeit an der gleichen Frage zu verstehen. Die Konfessionen stehen in einem *analogen* Verhältnis zueinander. Religiöse Bildung besteht unter anderem darin, in der jeweils anderen Konfession das zu suchen oder zu entdecken, was der eigenen Konfession fehlt.

Weil Konfessionen auch Menschenwerk sind, können sie nicht vollkommen sein. (Das war ja die Einsicht der Religion: Kein Menschenwerk kann vollkommen sein; es ist immer Stückwerk im Hinblick auf das Vollkommene. Wir sind durch und durch geschichtliche Wesen. Wir können das Absolute nur geschichtlich begrenzt aussprechen, müssen es aber in jedem geschichtlichen Augenblick voraussetzen.) Wir entdecken Gott (oder: das Absolute) immer zeithaft, geschichtlich. Wir sprechen von Gott auf Hebräisch, Arabisch, Griechisch, Lateinisch, (Alt-, Mittel- und Neuhoch-)Deutsch, auf …, und nun würde die Liste der Landessprachen sehr lang. Jede Sprache hat so ihre Eigenheiten. Eine Übersetzung lässt immer einen Rest an Bedeutung zurück. (Eigentlich dürfte man Offenbarungstexte gar nicht übersetzen. Dann freilich würde man sie nicht verstehen. Ein Problem!) Ein geschichtsloses Sprechen gibt es nicht. Nie und nirgendwo. Das Absolute ist stets ganz für uns da (vorausgesetzt), aber wir Menschen können dieses Ganze oder Absolute nicht formulieren (denn dann *wären* wir Gott). Wir müssen und dürfen (sagen die Offenbarungen) aber das Absolute voraussetzen und uns an das Vorausgesetzte binden. Das war die Idee der Vollkommenheit, von der ich oben gesprochen habe: In allem, was wir tun, setzen wir die Idee der Vollkommenheit voraus – ohne je beschreiben zu können, was denn vollkommen *ist*.

Wir setzen analog die Idee der Kunst in jedem Kunstwerk voraus, ohne dass ein Kunstwerk je schon die vollständige Verwirklichung dieser Idee ist. Es bleibt Stückwerk, geschichtlich, begrenzt, menschlich eben. (Daher muss es Kunstkritik geben – sie benennt das, was dem einzelnen Kunstwerk am Vollkommenen zu fehlen scheint.)

Wir setzen den absoluten Gott voraus, können ihn aber nur geschichtlich erfahren, artikulieren, können ihn nur in menschlicher, d.h. partieller Sprache ansprechen, aussprechen und können nur in konfessioneller, also historisch begrenzter, eben menschlicher Sprache über ihn sprechen. (Daher muss es Religionskritik geben – sie benennt das, was der einzelnen Konfession am Vollkommenen zu fehlen scheint.)

Wer hat das richtige Bild von Gott?

Das Verhältnis des einzelnen Menschen zu Gott ist absolut, es verträgt keinen Zweifel, keine Relativierung – ein bisschen leben kann man nicht. Aber begreifen kann der einzelne Mensch sich nur in geschichtlicher Form.

Man erinnere sich einmal, wie stark sich das Gottesverständnis in der eigenen Biographie verändert hat! An welchen Gott glaubten wir in der Kindheit, dann in der Pubertät? An welchen Gott glaubten oder glauben wir in der Lebensmitte, im Alter? Was wäre der richtige Gott? Der Gott unserer Kindheit? Unserer Pubertät? Der Gott im Alter?

Warum stellen Künstler „Gott" immer wieder anders dar? Warum gibt es in bestimmten Konfessionen sogar das Verbot einer Darstellung?

„Und Gott redete alle diese Worte: Ich bin der Herr, dein Gott, der ich dich aus Ägyptenland, aus der Knechtschaft, geführt habe. Du sollst keine anderen Götter haben neben mir. Du sollst dir kein Bildnis noch irgendein Gleichnis machen, weder von dem, was oben im Himmel, noch von dem, was unten auf Erden, noch von dem, was im Wasser unter der Erde ist: Bete sie nicht an und diene ihnen nicht!" (Ex 20,1–5).

Welcher Künstler malt das richtige Bild von Gott – keiner, obwohl es alle versuchen; gerade die, die ihn bildlos malen.

Gehen Sie auch so gerne in Krippenausstellungen – und sehen sich fasziniert an, wie die eine undarstellbare Szene immer wieder neu gestaltet wurde: aus Holz oder Gips, gegenständlich oder abstrakt, geschnitzt oder mit Legosteinen gebaut, historisierend oder futuristisch? Welche Krippe stimmt? Kann man das endgültig klären? Was wäre für uns der richtige Gott gewesen, wenn wir im Mittelalter, im Barock oder im 19. Jahrhundert gelebt hätten? Der mit Bart – oder besser das Dreieck mit Auge, das bei mir im Religionsunterricht Gott symbolisieren sollte (und trotz Bilderverbot an die Tafel gemalt wurde)?

So, wie es im eigenen Leben eine Entfaltung der Gotteserfahrung gibt, so ist es auch geschichtlich: Wir lernen als Menschheit, das Absolute zu verstehen, ohne es je ganz verstanden zu haben und ohne unser Verständnis endgültig artikulieren zu können. Unser Leben entfaltet sich geschichtlich, auch das religiöse Erleben. Ausdruck hiervon sind die Konfessionen, die die *geschichtliche* Arbeit am Verständnis des Absoluten gestalten. *Konfessionen sind nicht absolut, aber sie setzen das Absolute als existent voraus.* Wir Christen setzen den sich offenbarenden Gott voraus, ohne dass wir erwarten dürfen, ihn in unserer Rede von Gott einfangen, domestizieren, vermenschlichen zu können. Gott bleibt Gott:

> „Und Mose sprach zu Gott: Siehe, wenn ich zu den Kindern Israels komme und zu ihnen sage: Der Gott eurer Väter hat mich zu Euch gesandt!, und sie mich fragen werden: Was ist sein Name? – was soll ich ihnen sagen? Gott sprach zu Mose: ‚Ich werde sein, der ich sein werde!‘ Und er sprach: So sollst du zu den Kindern Israels sagen: ‚Ich werde sein‘, der hat mich zu Euch gesandt. Und weiter sprach Gott zu Mose: So sollst du zu den Kindern Israels sagen: JHWH, der Gott eurer Väter, der Gott Abrahams, der Gott Isaaks und der Gott Jakobs, hat mich zu euch gesandt; das ist mein Name ewiglich, ja, das ist der Name, mit dem ihr an mich gedenken sollt von Geschlecht zu Geschlecht" (Ex 3,13–15).

Gott bleibt das nicht formulierbare Vorausgesetzte: Ich bin, der ich bin. Er bleibt das zwischen zwei Sprachen Gemeinte.

Die Einsicht in die Geschichtlichkeit aller Erkenntnis und die *gleichzeitige* Bindung an das notwendig vorauszusetzende Absolute, das wäre ein reflektiertes Verhältnis zur eigenen Endlichkeit.

Das Zeitlose entfaltet sich in der Zeit

Wir erfahren das Allgemeine nur in Beispielen. Wenn wir das Beispiel jedoch für das Allgemeine halten, missachten wir eine unserer Lebensbedingungen – die Geschichtlichkeit unserer Existenz. Das von uns Ungedachte ist immer größer als das von uns Gedachte. Das Ungesagte immer größer als das Gesagte. Das Ungelebte ist immer größer als das Gelebte. Wir handeln daher klüger, wenn wir das Gedachte, das Gesagte und das Gelebte nicht schon für das Endgültige halten, sondern mitbedenken, dass das meiste noch nicht gedacht, gesagt oder gelebt wurde. Es gibt mehr! (Vielleicht ist dies die Tugend der Demut, die im christlichen Glauben oft als so zentral angesehen wird.)

Wir leben menschlich, wenn wir daran zweifeln, dass das, was wir tun, schon alles ist, was wir tun könnten.

Dass wir sterben ist daher kein Anlass zum Verzweifeln, sondern Ermutigung, uns im Leben an dem auszurichten, was es noch an Sinnvollem zu denken, zu sprechen und zu tun gibt. Die Aussicht auf den Tod sollte uns Mut zum richtigen Leben machen, Mut dazu, in der uns verbleibenden Zeit sinnvoll zu denken und zu handeln. *Wir müssen an allem Endgültigen zweifeln, aber keinesfalls sollten wir an unserer Endlichkeit verzweifeln.* Ganz im Gegenteil: Das Wissen um unsere Endlichkeit fordert uns auf: Tue jetzt, was sinnvoll ist. Warte nicht auf bessere Zeiten, sondern beginne, sie jetzt herbeizuführen. Tu was!

Die Aufgabe der Konfessionen

Die Konfessionen widmen sich einer unendlichen Aufgabe: Sie versuchen zu gestalten, was nicht Gestalt werden kann. Sie suchen zu verwirklichen, was keine Wirklichkeit haben kann. Sie gehen auf den Horizont zu, der sich mit jedem Schritt der Annäherung weiter hinausschiebt. Sie *suchen* ewig das Absolute.

Die Konfessionen bedürfen der regulativen Idee der Religion, um sich selbst zu vervollkommnen. Sie erfahren diese Idee, wenn sie andere Konfessionen zu verstehen suchen.

Ich meine das zuerst einmal ganz einfach historisch: Keine Konfession kommt ohne die andere aus – und Religionsgeschichtler würden eindrucksvolle Multimedia-Präsentationen inszenieren, wenn sie zeigen sollten, inwiefern ganze Dogmen- und Bilderkomplexe der einen Konfession von einer anderen Konfession übernommen worden sind: Sie „wusch sich die Hände. Kniff sich Lehm ab, warf ihn draußen hin. Sie schuf Enkidu, den gewaltigen, schuf sie, einen Helden" – so beschreibt das Gilgamesch-Epos (entstanden vor dem 2. Jahrtausend vor Christus im babylonischen Sprachraum) die Erschaffung eines Menschen.

Alle Konfessionen arbeiten an der einen religiösen Frage, die aber nie anders als konfessionell beantwortet werden kann. Glaube ist immer konkret. Aber keine Konkretion ist schon das Ganze. Die Verwechselung vom Glauben an das Absolute (das „keine Götter neben sich" haben *kann*) mit der irdischen Verwirklichung des Glaubens (die *immer* eingebunden in die Zeit ist) wird eine der Ursachen für religiös motivierte Irrwege sein: Man verwechselt die zeitbehaftete Form mit dem prinzipiellen Verhältnis. Prinzipien lassen keine Ausnahmen zu, keine Abweichler, keinen Gegner oder jene, die sie nicht anerkennen.

Prinzipien aber kann man nicht leben. Leben kann man nur in Vielfalt. Allerdings setzt jede Vielfalt dasjenige als Einheit voraus, was es auffalten und auffächern will. Ohne diese Einheitsvoraussetzung keine Vielfalt. Es gibt zahllose Apfelsorten, aber vorausgesetzt ist *ein* Begriff dessen, was wir Apfel nennen.

Religion bedarf der Praxis des Glaubens. Religion ohne Bekenntnis gibt es nicht.

Religiosität „ist" demnach nicht einfach. Geglückte Religiosität entsteht vielmehr erst im Leben. Sie entsteht geschichtlich, wenn Menschen mit der Idee des Absoluten in ihrer Zeit, unter den Bedingtheiten ihres Lebens umgehen, wenn sie unterscheiden können zwischen absoluter Religion und geschichtlicher Konfession. Religion ohne Bildung, Religion also ohne Bedenken dieser Zusammenhänge, wird zum Problem. Zum sozialen Problem.

Religion bedarf der Bildung

Religion ohne Bildung verkennt sich selbst. Sie weiß nicht einmal etwas von sich. Sie missversteht sich ohne Bildung.

Man kann nicht ohne Nachdenken glauben. Man muss wissen, warum und wie man glaubt. Dass man glaubt, ist dem Menschen mit auf den Weg gegeben. Dieses aufgegebene Verhältnis des Menschen zu seiner Endlichkeit muss *historisch* entfaltet und damit gelernt werden: Offenbarung muss verstanden, der Umgang mit ihr muss gelernt werden; Lernen aber ist Menschenwerk. (Gott muss nicht lernen; er ist zeitlos immer schon alles – sonst wäre er nicht absolut.) Nur dann kann der Gläubige, also der, der die Offenbarung verstehen will, auch die Differenz von Prinzip und Fall erkennen und eine Verwechslung verhindern. Religiöse Bildung ist in diesem Sinn Schutz vor Ideologien.

Es wird nie nur eine Konfession geben. Es wäre nicht einmal wünschenswert. Denn die Menschen sollen nicht aufhören, am Endlichen zu zweifeln. Zweifeln stößt Bildung an. Wer zweifelt, will mehr, als er schon weiß. Er traut der angeblichen Endgültigkeit dessen, was er weiß, nicht mehr. Menschen hören nicht auf, sich zu bilden. Es wird daher nie eine endgültige Weltkonfession geben, und alle gewaltsamen Versuche, sie herbeizuführen, lösen nur neue Differenzen aus. Diese Versuche verstärken die Differenz, indem sie sie mildern wollen.

Aber es kann Frieden zwischen den Konfessionen geben, nämlich dann, wenn sie sich als Arbeit an der einen Frage begreifen: Wie hältst du's mit der Endlichkeit? Was kann ich von dir lernen? Im Gedankenaustausch lernen die Konfessionen voneinander, sie sehen, dass es andere anders machen, vielleicht sogar besser. Das muss man jeweils prüfen.

Konfessionen stoßen auf eine bessere Lösung als die tradierte …, ebendas nennt man Lernen und in diesem Falle interreligiöses Lernen: von allem das Beste zu suchen. Daraus entsteht kein Mischmasch, sondern Zukunft.

Gibt es Fortschritt im Glauben? Wenn ich mich an meine Kindheit erinnere und die Hochämter in lateinischer Sprache, die Priester mit dem Rücken zur Gemeinde, links die Frauen, rechts die Männer. Da kommt man schon ins Grübeln. Mit nüchternem Magen saß man in der nach Weihrauch duftenden Kirche, eineinhalb Stunden, mit lateinischen Gesängen erfüllt, die meine Tante begeistert bis an ihr Lebensende mitsang, aber leider nicht verstand (sie hatte Volksschulbildung). Man muss sich schon sehr bemühen, die Gemeinsamkeiten jener Hochämter mit der heute üblichen heiligen Messe zu finden. Offensichtlich hatte sich beim Konzil die Überzeugung gebildet, dass man der Sache des Glaubens eher dient, wenn man die alte

Aufgabe neu beantwortete. Das ist kein Identitätsverlust, sondern Geschichte. Lernen ist kein Verlust, sondern setzt die Suche nach dem Absoluten auf den Weg. So sah es – wie wir hörten – schon Augustinus. Lernen ist auf Gott ausgerichtet, jedenfalls dann, wenn es sich an Wahrheit, Sittlichkeit und Schönheit ausrichtet, an dem also, was keiner je gesehen hat, aber jeder voraussetzt.

Und diese Entwicklung, dieses lebenslange – oder besser: geschichtslange – Lernen erleben alle Konfessionen, sei es herausgefordert durch soziale Veränderungen (Sonntagsarbeit), durch neue Medien (kann man per Internet meditieren lernen?), veränderte Lebensgewohnheiten – und durch neue Erfahrungen. Der Koran wurde diktiert, handschriftlich notiert, gedruckt, nun steht er im Internet. In verschiedenen Übersetzungen. Ist es der gleiche Koran – oder verändert das Medium ihn? Keine Konfession wird der Frage aus dem Weg gehen können, wie sie sich zu veränderten gesellschaftlichen Herausforderungen stellt. Darf man Tiere *aus konfessionellen Gründen* schächten, wenn es eine Tierschutzgesetzgebung gibt? Darf man Jungen beschneiden, wenn es gleichzeitig eine weltweite Bewegung gegen die Beschneidung von Mädchen gibt?

Das Geschichtliche steht immer zur Disposition. Menschenwerk ist nie ewig – das wissen religiöse Menschen. Alles Gewordene kann bezweifelt werden, denn der Zweifel an irdischen Letztbegründungen ist unsere religiöse Aufgabe. Es steht zur Diskussion der sonntägliche Kirchbesuch, wenn es Sonntagsarbeit gibt (das Ausweichen auf den Samstagabend war ja ein erster Schritt zur Veränderung) und Medien, die Gottesdienste live übertragen. (Da sieht man mehr, als wenn man in einer Kirche hinter dem Pfeiler steht.) Die Beichte muss man anders gestalten, wenn es psychologische Beratung und Psychoanalyse auf Krankenkasse gibt, dazu Telefon oder Skype zur Flatrate.

Eine Konfession bedarf der Riten, aber sie *besteht* aus ihrer Arbeit am Absoluten. Die Riten unterstützen das Glauben, machen es aber nicht aus. Ob die Messe auf Latein oder Deutsch gefeiert wird, ist so lange unerheblich, wie alle Beteiligten wissen, wozu sie gefeiert wird. Der Koran ist längst in alle Weltsprachen übersetzt, obwohl nicht wenige Muslime glauben, dass dies gegen die Idee des Korans verstoße. Das Nicht-Verstehen als Preis der Verbreitung? Zudem: Die Übersetzungen lassen sich nicht zurücknehmen. Menschenwerk im Dienste des Absoluten.

Jede Konfession muss sich an der Idee der Religion prüfen lassen. Ob katholische Priester heiraten dürfen oder nicht, lässt sich nur daran prüfen, ob der Religion eher mit der einen oder mit der anderen Weise entsprochen wird. Ob Scheidungen, Homosexualität in einer Konfession als üblich angesehen werden oder nicht, kann nur danach entschieden werden, ob mit der Entscheidung der Idee der Religion entsprochen wird oder nicht. Die Konfession ist das Vehikel, das Ziel ist die Religion – d.h. das gültige Verhältnis zur eigenen Endlichkeit.

Die Geschichte der Konfessionen mag zeigen, dass es bisher genau so gehandhabt wurde: Keine Konfession ist gleich geblieben; aber jede kann sich treu bleiben. Sie kann sich dadurch treu bleiben, dass sie sich am Religiösen orientiert.

Nun aber deutlich: Was ist eine gute Konfession?

Vielleicht könnten Religionswissenschaftler zeigen, dass immer dann soziale Konflikte entstanden sind, wenn man die Konfession mit der Religion verwechselt hat; wenn man nicht nach dem „Wozu?" der Konfession *gefragt* hat, sondern diese Konfession schon als *letzte* Antwort auf die Frage nach dem Wozu des Lebens angesehen hat. Zumindest dann, wenn man unreligiös mit der Konfession umgegangen ist, kam es zu Fehlentwicklungen.

Eine Konfession absolut zu setzen widerspricht der Idee des Religiösen, die ja *jede* irdische Verabsolutierung in Frage gestellt hat. Zweifel an der Endlichkeit, die religiöse Grundhaltung, bedeutet auch Zweifel an konfessionellen Antworten mit Endgültigkeitsanspruch.

Gibt es weitere Kriterien zur Reflexion darüber, welche Konfession (oder was an einer Konfession) richtig ist?

Nun: Jede Konfession muss *ethischen* Prinzipien entsprechen. Die Religion ersetzt keine Ethik, und die Ethik ist nicht die Ausführungsbestimmung der Religion. Beide haben unterschiedliche Fragen: Die Ethik fragt danach, wie man durch das Handeln die Würde des Menschen erhält, fördert, schützt oder bestärkt. Religiöse Fragen indes betreffen das Verhältnis zur eigenen Endlichkeit – die Antworten sind sicherlich ethisch relevant, aber sie sind nicht schon ethisch. Man kann also reflektieren, ob die religiösen Antworten den ethischen Implikationen widersprechen. Konfessionelle Praktiken müssen sich nicht nur religiös verantworten, sondern – insofern sie Personen betreffen – auch ethisch. Dass es einem Gott gefalle, wenn Menschen das Leben anderer Menschen für ihn opfern, lässt sich ethisch nicht vertreten, weil Menschen hier zum

Tausch-*Mittel* für einen nicht selbstbestimmten Zweck genommen werden. Das widerspricht dem Grundgedanken der Ethik, der Freiheit des Menschen. Ein Mensch darf letztlich nur Zweck sein, nicht Mittel für etwas. Eine Verzweckung als Opfer würde den Menschen seiner Würde berauben. Keine Konfession darf diesen Grundsatz brechen.

Man könnte weitere Regeln aufstellen, an denen sich alle Konfessionen messen lassen müssen: Die jeweilige Konfession muss von der Kultur zwar nicht getrennt, aber unterschieden werden können. Weder ist eine Kultur identisch mit einer Konfession (was man an der arabischen Kultur in Ägypten sehen kann, in der Muslime und Kopten heimisch sind) noch ist eine Konfession identisch mit einer Kultur: Christen z. B. gibt es in vielen Kulturen. Nur eine Konfession, die für Menschen aller Kulturen offensteht, ist zu rechtfertigen. Eine Konfession als Mittel sozialer oder kultureller Kollektivsicherung scheint problematisch.

Vernünftige Argumentation (Wissenschaft) und (geoffenbarter) Glaube müssen unterschieden und in ihren Reichweiten und Geltungsbereichen immer wieder neu bestimmt werden. Dabei dürfen wissenschaftliche Aussagen nicht als Glaubensakte verstanden und Glaubensakte nicht als bewiesene Aussagen dargestellt und verwandt werden.

Eine Konfession kann nicht gedanklich zwingend „bewiesen" werden. Sie kann daher nicht messbar gelehrt werden. Gelehrt werden können Entstehung und Verfasstheit der jeweiligen auratischen (z. B. heiligen) Dokumente, die Überlieferungsgeschichte, die Tradition, die Inhalte des Glaubens und ihre Tradierung, das heißt die Praktiken der Gläubigen und die Abläufe und der Sinn von

Riten. Diese Themen müssen der wissenschaftlichen Argumentation standhalten, damit sie überhaupt lehrbar sind. Denn lernen soll man nur, was man einsieht. Gelernt werden kann die Notwendigkeit, seine eigene Endlichkeit zu reflektieren. Aber der Akt des Glaubens ist je einmalig, er entzieht sich der Lehre.

Religiöse Texte, Symbole oder Zeichen müssen sich hermeneutisch erschließen lassen, d.h. weder nur durch Memorieren noch durch autoritative (und nicht begründende) Auslegung. Der Einzelne muss selbst zu verstehen suchen, was da geschrieben steht. Er muss es selbst denken können. Er muss es bezweifeln und nachprüfen können. Nur Konfessionen mit hermeneutisch zugänglichen Überlieferungsquellen und daher mit einer reflektiert und methodisch arbeitenden Religionspädagogik sind ethisch und bildungstheoretisch zu rechtfertigen.

Es muss eine Trennung von Ritus und Lehrmethode geben oder erfolgen. Lernen und Vollzug müssen unterschieden werden können.

Glaube kann und darf nicht überprüft oder gemessen werden. Würden Konfessionen von der Pädagogik (oder Psychologie) Verfahren zur Überprüfung von Glaubensakten erwarten, dann wären diese Konfessionen bildungstheoretisch disqualifiziert. Deshalb ist äußerste Skepsis gegenüber empirischen Untersuchungen von Glaubensakten angebracht. Glaube ist innerlich. Er ereignet sich im Handeln, zeigt sich aber nicht im Verhalten. Messbar ist aber nur das Verhalten, nicht das Handeln. Zum Handeln gehört eine Begründung, die geprüft werden müsste – also nicht Messung, sondern Argumentation und Für-wahr-Halten verlangt. Ganz konkret: Ob jemand ein Gotteshaus besucht, um zu beten oder um sozial anerkannt zu werden, lässt sich nicht beobachten. Der mit der Verstädterung einhergehende Schwund an Kirchenbesuchern in Deutschland hat vielleicht nur deutlich gemacht, dass auf dem Lande zuvor nicht alle deshalb zur Kirche gingen, weil sie beten wollten. Statistik jedenfalls kann Glauben nicht ausmessen.

Nur jene Konfessionen sind unter bildungstheoretischer Perspektive zu akzeptieren, die sich innerhalb sittlicher Reflexion befinden. Sittlichkeit kann nicht aus konfessionellen Konzepten abgeleitet werden, weil sittliche Forderungen universell sind. Sie betreffen *alle* Menschen gleichermaßen. Wäre die Sittlichkeit konfessionsspezifisch, dann würde die Konfession die Menschheit in zwei Gruppen spalten, in jene, zu denen man sich sittlich verhält, und jene, die außerhalb sittlicher Ordnungen stehen. Dann wäre in der einen Konfession als sittlich erlaubt, was für Außenstehende sittlich verworfen würde. Sittlichkeit ist jedoch unteilbar – sonst ist sie ganz aufgehoben.

Wir alle wurden in eine Konfession hineingeboren. Das enthebt uns aber nicht der Aufgabe, sie zu prüfen.

8. Muss man in einer Institution glauben?

Bei Umfragen zum religiösen Selbstverständnis bekommt man oft die Antwort: „Ich bin katholisch, aber mit der Amtskirche komme ich nicht klar." Vermutlich gibt es ähnliche Statements bei allen Konfessionen.

Was man von McDonald's lernen kann

Dies freilich ist ein vertrauter Sachverhalt aus dem alltäglichen Leben: Wer einmal in einem Verein gearbeitet hat, weiß, dass nach einer gewissen Zeit Mitglieder unmutig werden, weil sie etwas anderes erwartet hatten und sich nun nicht mehr repräsentiert fühlen. Wir haben hier kein religiöses, sondern ein soziologisches Problem vorliegen. Einerseits bedarf der Mensch der Institutionen und sucht sie. Andererseits sind die Menschen sehr eigensinnig. Beides zusammen wird nie harmonisch zu gestalten sein – es sind gegenläufige Interessen, die allerdings beide gleichzeitig und kräftig in uns arbeiten.

Man will, dass McDonald's immer geöffnet hat und alles sofort frisch und zum Verkauf bereitliegt, damit man nicht warten muss. Aber zugleich würde man gerne mehr von dieser leckeren Soße auf den Big Mac geträufelt bekommen, aber weniger Zwiebeln, das Brötchen oben etwas krosser als unten und nicht Blatt-, sondern Eisbergsalat. Und bitte ohne Gurke. Tja, ob man dann nicht besser allein kocht ..., dann allerdings hat man nicht alles zu jeder Zeit. Wie soll man sich bloß entscheiden?

Man möchte an die See fahren, erwartet einen sauberen Strand, Strandkörbe, Wegweiser, die Jungs und Mädchen von der DLRG und Wimpel zur Sturmwarnung, vielleicht eine Teestube. Aber wenn andere das auch gut finden, mault man, dass es jetzt so voll ist und man seine Sandburg nicht so groß bauen kann, wie man will, und der Nachbar immer rüberschaut, lärmend Federball spielt („Treffer!"), eine unmögliche Badehose trägt, die falsche Zeitung liest, seine Kinder rumkommandiert und schon am Strand einen Pharisäer trinkt. Das nervt! Man wäre lieber allein und Individualist – und dann fährt man eben dorthin, … dorthin, wo sich alle Individualisten treffen. Nur dass es da auch so viele sind und dann alle anders, das stört einen dann auch wieder. Man müsste sich mal zusammenschließen zum Club der Individualisten!

Wir sind schon nicht ganz einfach, wir Menschen … Dabei könnten wir es uns doch mit etwas Soziologie einfach erklären: Eine Institution besteht nur, wenn man auf einen Teil des Eigensinns verzichtet. Das ist bei McDonald's so und im Club der Individualisten.

Vereinigungen haben gegenüber Vereinzelungen gewisse Vorteile: Politisch wird man wenig verändern können, wenn man keine Bundesgenossen und Mitstreiter findet. Zur politischen Veränderung braucht man eine Gruppe gleichgesinnter Freunde, man braucht Menschen mit gleichen Zielen, Zeitgenossen, die zugunsten einer Sache auf gewisse individuelle Besonderheiten verzichten.

Es gilt also abzuwägen: Inwiefern erreiche ich unter Verzicht auf gewisse Individualismen mehr, als wenn ich ganz allein versuche, mal eben die Welt zu retten?

Ein Verbund gegen Verbände?

Diese Abwägung hat die Religionsgeschichte immer stark beschäftigt. Immer wieder fühlen sich einzelne Gläubige von der konfessionellen Gemeinschaft, in der sie das Glauben gelernt haben, nicht vertreten, bestehen auf ihrem Eigensinn, sondern sich in entlegene Winkel und Landschaften ab …, was einige, die das hören, ganz wunderbar finden und dazu bewegt, diese Einsiedeleien aufzusuchen, zu bleiben und nun *gemeinsam mit den anderen* den Eigensinn zu pflegen.

Oder die Zweifler gründen ganz offiziell eine neue Gemeinschaft, die – und nun geschieht das (gar nicht so) Erstaunliche – nach geraumer Zeit genauso strukturiert ist wie jene Gruppe, von der sie sich abgewandt hatten. Man kennt es aus der Politik: Eine Partei gegen alle Parteien wird schnell zu einer Partei wie alle Parteien, mit Vorstand, Kassenwart und Satzung. Und mit Parteiausschlussverfahren.

Die Geschichte aller Konfessionen weltweit zeigt diese in der Soziologie bekannte menschliche Eigenheit: Sobald sich von Organisationen Teile abspalten, beginnen diese Abspaltungen, sich zu organisieren. Eine Organisation hat einfach zu viele Vorteile: Sie entlastet durch Routinen, sie ermöglicht den Austausch, die Einflussnahme. Sie tradiert Erfahrungen und Wissen.

Viele christliche Orden sind entstanden, weil Gläubige gegenüber der großen, langsamen Amtskirche schnell und sofort den wahren Glauben leben wollten …, und nach kurzer Zeit wurde der Verbund der Außenseiter ein großer, langsamer Verband. Ein Verbund gegen den Verband.

Wäre es nicht einfacher gewesen, *in* der Organisation dasjenige zu erreichen zu versuchen, was man glaubt, ohne Institution bereits erreicht zu haben: den wahren Glauben zu leben, sein Wissen zu teilen und vernünftig mitzuteilen? Jeder, der sagt: Ich habe die und die Konfession, aber die Organisation ist ein Skandal, macht doch nichts anderes als diese selbst: Er *verkündet* eine Wahrheit und sammelt Jünger um sich. Aber das hatten wir schon.

Was tun, wenn das Schiff aus dem Ruder läuft?

„Im Grundsatz bin ich gläubig, aber Organisationen lehne ich grundsätzlich ab. Das Kirchenschiff ist mir zu träge." Man verzichtet auf die Verwirklichung der Grundidee, weil einem die Begleitumstände nicht passen? Sollte man dann nicht besser aufhören, überhaupt zu handeln? Sitzen nicht selbst auf dem paradiesischen Kreuzfahrtschiff Reisende, die den Sinn der Kreuzfahrt nicht verstehen und sich von morgens bis abends in der Bar bei den geistigen Erfrischungen aufhalten? Verzichtet man deswegen auf die Kreuzfahrt und springt möglichst bald über Bord?

Okay, wenn das Kreuzfahrtschiff aus dem Ruder läuft – aber selbst auf einer Odyssee mit einem Kreuzfahrtschiff (und voller Verpflegung) fährt man besser als allein im Rettungsboot.

Fragen eines Zeitungslesers

Aber kehren wir vom Grundsätzlichen zurück in die Geschichte: Historisch betrachtet, scheint mir die Tole-

ranz der konfessionellen Organisationen wesentlich größer als etwa die von politischen Parteien. (Dabei muss
man gar nicht auf den Stalinismus zurückverweisen …,
bei dem die Mitglieder der Kommunistischen Parteien
nicht mal wussten, wen die Kugel der Geheimpolizei als
Nächsten erwischen würde.) Was, meinen Sie, würde
heute, in unseren humanen Zeiten, mit Parteimitglie-
dern geschehen, die sich öffentlich über die Partei und
ihre Führung so äußern wie manche Mitglieder einer
Kirche über ihre Kirche? (Und gleichzeitig fordern dann
diese Kirchenkritiker, sie könnten nicht in der Kirche
bleiben, weil eine andere Gruppe auch noch in der Kirche sei, und die sei aber unerträglich und gegen die
Grundsätze der Kirche. Die müsse man erst einmal aus-
schließen … Sind sie nicht „päpstlicher als der Papst",
wie man so sagt?)

Bevor es heute zu Kirchenausschlüssen kommt, müssen
schon erhebliche Differenzen formuliert und gedruckt
oder gepostet werden. Zwar gibt es immer wieder spekta-
kuläre Fälle, wie z.B. den Entzug der Lehrerlaubnis für
Professoren der Theologie …, aber die Professoren werden nicht aus der Kirche ausgeschlossen. Sie behalten
zumeist ihre Bezüge und dienstlichen Rechte. Überlegen
Sie wirklich einmal ganz kurz, was passieren würde, wenn
ein Funktionsträger einer Partei öffentlich erklären und
lehren und überall verbreiten würde, dass zahlreiche
Grundideen „seiner" Partei fehlerhaft, nein, *grundsätzlich*
falsch seien … Ob er wohl auf seinem Posten, sagen wir
mal als Pressesprecher oder Leiter der Jugendabteilung,
bleiben könnte …? Und sollte man es als intolerant
bezeichnen, wenn die Partei diesen ihren Kritiker nun *nicht*
zum Bildungsminister ernennt? Finden Sie es in Ordnung,

wenn ein Parteimitglied die Wähler aufruft, nicht die eigene Partei zu wählen?

Fragen eines Geschichtsbuchlesers

Die Geschichte der „Ketzer", also die Geschichte des gescheiterten Dialogs innerhalb einer konfessionellen Institution, erscheint uns heute brutal und völlig überflüssig. Sie ist grausam und scheint ein Beleg für den falschen Weg der Kirchen in der Welt. Aber bevor wir über die Geschichte urteilen, müssten wir sie doch erst mal zu verstehen suchen! Dann können wir urteilen.

Die Geschichte des „Ketzertums" erklärt sich daraus, dass es in ihr nie nur um den Glauben ging, nicht mal nur um Theologie (also um die Reflexion auf die Endlichkeit), sondern *zugleich* um Fragen der Deutungshoheit in weltlichen Dingen und um Macht. Nicht die differierende Deutung der religiösen Tradition war Anlass für Verfolgung, Befragung unter Folter durch die Inquisition, sondern ihre Veröffentlichung, ihre Publikation, ihre Verbreitung verbunden mit organisationsähnlichen Ansätzen und Institutionalisierungen. Wenn es dann zusätzlich um Macht ging – also der oben beschriebene Kategorienfehler gemacht wurde –, setzte man sich in der Form auseinander, mit der bis heute Politik gemacht wird: mit Gewalt.

Keinesfalls will eine solch historische Betrachtung diese Übergriffe pauschal rechtfertigen, aber sie erklärt sie ein wenig und fordert zur differenzierenden Betrachtung auf. Solange Glaube innere Überzeugung blieb, widerfuhr niemandem ein Schaden. Aber sobald sich Glaube öffentlich machte – und kulturelle oder politische Macht ausüben wollte –, erfolgte eine Auseinandersetzung in der Form, die in jenen Zeiten üblich war.

Den Glauben kann einem niemand nehmen. Und wer einen anderen zur symbolischen Unterwerfung nötigt, etwa die Statue des Kaisers und nicht Gott anzubeten, hat moralisch doch schon versagt …, so dass die *scheinbare* Unterwerfung unter ihn, so würde ich ergänzen, ein Akt politischen Kalküls, nicht aber religiöser Überzeugung ist. Nun gibt es aber weiterhin Zwangstaufen, Zerstörung religiöser Heiligtümer anderer Konfessionen (die Fernsehnachrichten sind derzeit voll davon), es gab Ketzerverfolgungen und Hexenprozesse. Ungläubige wurden hingerichtet, ermordet …, seit dem 11. September ist all dies wieder sehr aktuell.

Ich hatte schon darauf hingewiesen, dass in diesen Fällen zumeist Kategorienfehler vorlagen und vorliegen, Vermischungen von Religion und Politik, von Glaube und Macht.

Vom Nutzen und Nachteil der Institution

Es kommt allerdings auch die (nicht immer demokratische) Eigendynamik von Institutionen hinzu … und der schlichte Umstand, dass Funktionsträger ihrer Aufgabe nicht gerecht werden und versagen. Leider ist es eben nicht so, dass (wie das Sprichwort weiß) Gott demjenigen, dem er ein Amt gibt, zugleich auch den Verstand verleiht, es zu führen. Es gibt in allen Institutionen inkompetente Führungskräfte, Nieten in Nadelstreifen, dumme Vorgesetzte und Menschen mit unlauteren Motiven, Egoisten, Karrieristen und Kriminelle. Das betrifft alle Institutionen – und daher aller menschlichen Wahrscheinlichkeit nach auch alle konfessionellen Institutionen. Das ist nicht schön und nicht zu akzeptieren – aber aus Ärger und Frustration wegzulaufen, anstatt zu versuchen, es zu ändern, ist auch nicht schön und zu akzeptieren.

Menschen machen Fehler, irren ist menschlich – und wenn jene, die sich irren, noch mit Macht ausgestattet sind, kommt es zu Katastrophen. Das ist in den Glaubensgemeinschaften nicht anders als in der Politik oder in der Wirtschaft. (Gerade erleben wir, wie ein Bankkonzern, ein Technikkonzern und ein Autokonzern des massenhaften Betrugs überführt werden. Und ich frage wieder: Bringen wir unser Geld deswegen nicht mehr auf die Bank, sondern legen es unter die Matratze? Benutzen wir keine Computer mehr, sondern schreiben wieder Postkarten? Fahren wir nicht mehr Auto, sondern erledigen den großen Aldi-Einkauf zu Fuß?)

Austritt aus einer Institution ist immer der letzte Weg. Ein Austritt aus der Gemeinschaft kann nur dann richtig sein, wenn man durch Konkurrenz das Geschäft beleben will oder die Institution so aus dem Ruder läuft, dass sie das Ziel nicht mehr erreicht, um dessentwillen sie geschaffen wurde. Das kann vorkommen. Klüger wäre es allerdings oft, selbst ins Ruder zu greifen: Wenn alle die, die aus Protest oder Unzufriedenheit (oder um Steuern zu sparen) aus den Kirchen ausgetreten sind, ihre Kraft und ihr Geld in den Kirchen eingesetzt hätten – dann hätten wir andere Kirchen. Vielleicht eher so wie die, die ausgestiegen sind, sie sich gewünscht haben. Austritt ist kein Ausweg. Er ist bestenfalls ein Notausgang.

Missbrauch

Allerdings stellen die Mitglieder von Institutionen sowohl die Institutionen als auch die anderen Mitglieder manchmal auf schier unerträgliche Bewährungsproben: Wenn es nämlich in religiösen Gemeinschaften zu unmoralischen Handlungen, Straftaten oder Verbrechen kommt. Dies ist *strafrechtlich* nicht akzeptabel. Dies ist *moralisch* verwerflich – und *religiös* unfassbar, denn es verhöhnt die Religion.

Vergehen und Verbrechen innerhalb einer Konfession sind nicht nur ein Rechtsbruch – sie stellen auch ganz demonstrativ den Pakt des Menschen mit dem Absoluten in Frage. Sie zerstören nicht nur das Leben und Empfinden von Schutz-, Trost- oder Sinnsuchenden – was allein schon unerträglich ist. Sie demonstrieren zudem am Beispiel des eigenen Handelns, dass die „Bindung an das Absolute" (Thomas Mikhail) nicht mehr sehr stark oder gar abhandengekommen ist. Sie statuieren in ihrer Missetat ein Exempel gegen das Göttliche am Menschen, gegen seine Suche nach dem Vollkommenen.

Verbrechen in konfessionellen Institutionen sind nicht nur Normverletzungen, die man ahndet. (Das sind sie selbstverständlich zuerst.) Verbrechen in konfessionellen Gemeinschaften stellen vielmehr die allerletzte Voraussetzung des Menschen in Frage und den Sinn der Institution. Aus religionssoziologischer Perspektive sind Verbrechen in religiösen Institutionen von hohem (negativem) Symbolwert und menschlich unfassbar: Gerade in jener Institution, in der das Vertrauen zum Nächsten zur Geschäftsgrundlage gehört, wird dieses Vertrauen schwer missbraucht! Der religiöse Schaden ist grundsätzlich.

9. Theologie: Ist Glaube als Wissenschaft überhaupt möglich?

[handschriftliche Notiz: GESCHICHTE DES GLAUBENS AN . GÜTE ?]

Bei vielen Menschen löst der Umstand, dass es an heutigen Universitäten *theologische* Wissenschaften gibt, Erstaunen aus: Wieso kann man etwas, was man „nur" glaubt, wissenschaftlich erforschen? Das folgende Zitat aus dem offiziösen „Philosophischen Wörterbuch" (1975) der ehemaligen DDR scheint nicht nur den Standpunkt der damaligen Staatsphilosophie zusammenzufassen, sondern auch akademisch auszudrücken, was „man" im Alltag heute so denkt:

> „Die Religion ist erkenntnismäßig verursacht durch die gedankliche Überschreitung jener Erkenntnisschranken, die die jeweiligen Produktions- und Lebensbedingungen dem objektiven Erfassen der tatsächlichen Zusammenhänge der Natur und besonders der Gesellschaft entgegensetzen, und zwar durch die von Emotionen (Furcht-, Ohnmachts-, Abhängigkeits-, Dankbarkeitsgefühle usw.) in Aktion gesetzte Phantasie. Sie ist der Wissenschaft (wissenschaftlichen Erkenntnis) entgegengesetzt und ihrem weltanschaulichen Inhalte nach eng mit dem objektiven Idealismus verbunden."

Die Sätze haben es in sich, und ein zweiter Blick lohnt: Wenn ich es richtig verstehe, dann behauptet der zweite Satz, dass Glauben und Wissenschaft nicht identisch sind. Das ist klar. Aber der erste Satz drückt doch etwas Bemerkenswertes aus, nämlich dass die Religion jene Grenzen überschreitet, die der Vernunft *durch reale und diskursive Macht* willkürlich gesetzt werden. Das bedeutet aber doch, dass die Menschen in der Religion jene Freiheit denken („phantasieren"), die ihnen durch die Kultur verwehrt wird. Religion überschreitet die Grenze der herrschenden Kultur. Religion ist die Sehnsucht nach dem Anderen.

Theologie ist subversiv ... oder sollte es sein

Das ist verwegen gedacht und müsste in der DDR als recht subversiv aufgefasst worden sein. Denn der erste Satz beschreibt die Religion als Reich der Freiheit angesichts einer *jeden* Kultur, die das Denken des Menschen *immer* und immer *unzulässig* beschränkt. Das hätte Augustinus vermutlich ähnlich gesehen ... ja, vielleicht umschreibt dieser Satz sogar, warum Religion *notwendig* ist, wenn eine Gesellschaft funktionieren soll: Religion durchbricht die Konventionen, die Machtverhältnisse, den Konsens, die Gesellschaftsverträge, die disziplinierten Diskurse. Durch Überschreitung, durch die Suche nach dem Anderen, nach dem Besseren, durchbricht sie die gängigen Kompetenzen und provoziert dazu, das, was ist, von dem aus zu betrachten, was vollkommen wäre. Religion erstellt einer Gesellschaft Fremdgutachten. Sie ist eine Art externe Beratung. Sie sagt, was nicht gehen kann – und dass es anders gehen *sollte*. Aber wie, das müssen die Fachleute vor Ort herausfinden, dafür ist der Berater nicht zuständig, dazu fehlen ihm die Kompetenzen.

Religion sagt, dass alles vollkommen sein soll. Nicht perfekt, sondern vollkommen. Religion revoltiert gegen *menschengemachte* Grenzen, die sich schon endgültig dünken. Sie zweifelt an der gemachten Wirklichkeit. Religion entzieht den angeblich absoluten Normen die Legitimation. Sie lässt sich nicht durch verabsolutierte Diskursregeln einschüchtern.

Religion ist Revolte aus der Perspektive der Freiheit. Und zwar nicht nur der realen, politischen Freiheit, sondern auch der diskursiven, also der gedanklichen Freiheit. Der Freiheit des Denkens. Religion revoltiert gegen Denkverbote. Sie stellt alles und jedes fremddisziplinierte Denken in Frage und bezweifelt es: „Bist du dir sicher?" Sie setzt allerdings nichts dagegen. (Denn dann würde sie sich auf die Regeln einlassen, die sie in Frage stellt.) *Religion stellt keine Diskursregeln auf, sondern stellt alle vorhandenen in Frage.* Das Bezweifeln der Diskursregeln als ihre Spezifik …, das sei Religion, so der DDR-Lexikonartikel.

Die Theologie ist die wissenschaftliche Artikulation dieses Zweifels. Denn Zweifel muss gut begründet sein. Einfach bezweifeln geht nicht. *Theologie muss mit Wissenschaft den Allmachtsanspruch von Wissenschaft prüfen.* Also auch sich selbst.

Unverzichtbar in der nachmetaphysischen Moderne: die Wissenschaft vom Glauben

Unsere Vernunft fasst die Dinge nicht so, wie sie sind. Da wird es immer eine Differenz zwischen der Welt und dem geben, was wir von ihr wissen und *je* wissen können. Zwischen dem eigenen Leben und dem, was wir über uns denken und wissen. Auf dieser Differenz besteht die Religion. Diese Differenz sollte uns zu denken geben. Denn nichts ist endgültig. Wir wissen nicht, wie die Dinge letztlich sind.

Aber ist dergleichen wissenschaftlich zugänglich? Erforscht derlei nicht schon die Philosophie, Abteilung

Erkenntnistheorie? Wäre Religion in dieser Angelegenheit nicht besser durch Religionswissenschaft und Religionsphilosophie, nicht aber durch die Theologie zu erforschen?

Die Theologie unterscheidet sich grundsätzlich („kategorial"! Siehe oben!) von Erkenntnistheorie, Religionswissenschaft und Religionsphilosophie durch ihr Verhältnis zur Welt. Theologie denkt nicht von einer Frage aus. Theologie denkt von einer Antwort aus. Theologie denkt von einer Antwort aus auf das, was in der Geschichte fragwürdig ist, was für die künftige Geschichte zu fragen wäre.

Ausgangspunkt der Theologie ist nicht ein lebensweltliches Problem, sondern die göttliche Offenbarung. *Die Theologie geht von der Offenbarung aus und sucht nach den Fragen, die zu stellen wären, die vergessen wurden, die sich der Zeitgeist nicht traut zu stellen.* Sie ist eine wissenschaftliche Provokation an den Status quo. An jeden Status quo.

Ohne Wissen(schaft) kein Glauben

Theologie kultiviert, historisch betrachtet, die Disziplin des Zweifelns. Sie ist der immerwährende und nie abschließbare Versuch, dem Unmittelbaren nicht zu trauen und dem eigenen Denken und Erleben auf die Spur zu kommen. Die erste Sure des Korans lautet:

> „Dies Buch, daran ist kein Zweifel,
> ist eine Leitung für die Gottesfürchtigen,
> die da glauben an das Verborgene und das Gebet."

Eine „Leitung" wird angekündigt – und zudem der Glaube an das Verborgene, also daran, dass das, was wir wissen, nicht alles ist, was es zu wissen gäbe! Und für die, die aus diesem Wissen um das Ungewusste ein neues Sprechen entwickelt haben ... das Gebet. (Davon später mehr.)

Es ist sittlich und eine angemessene Umsetzung der Bildungsidee, wenn eine konfessionelle Institution von ihren Gläubigen Kenntnisse und Einsicht einfordert.

Wenn sie zwischen Verkündigung und Erkenntnis unterscheidet, aber das eine auf das andere bezieht.

Wenn sie die eigenen Grundlagen wissenschaftlich herauspräpariert.

Wenn sie offen und öffentlich *Argumente* formuliert, so dass man bezweifeln oder sogar widerlegen, dass man diskutieren und prüfen kann.

Wenn sie – nach Karl Poppers (1902–1994) Idee – Erkenntnisgewinn durch Falsifikation auslöst.

Wenn sie die Sache des Glaubens allen *denk*baren Prüfungen unterzieht.

Es reicht, „daran ist kein Zweifel", nicht aus, einfach irgendwas zu glauben. Man muss richtig glauben. Wer leitet, reflektiert; er muss zwischen richtig und falsch unterscheiden, sonst bräuchte er nicht zu leiten. Religion verlangt Bildung: „Mein Herr, mehre mich an Wissen!", heißt es in Sure 20,114. Religion bedarf des Wissens und Denkens. Man ist nicht religiös, wenn man nur an etwas glaubt. Daran sei kein Zweifel, sagt der Koran. Das hat eine lange Tradition:

> „Es gibt gewisse Regeln, die man meines Erachtens einem, der sich mit Schriftstudium befasst, nicht ohne Nutzen mitteilen kann. Man tut sich dann leichter, sowohl bei der Lektüre solcher Autoren, die den in den göttlichen Schriften ruhenden Wahrheitssinn bereits erschlossen haben, als auch

dann, wenn man ihn andern seinerseits wieder erschließen soll. Diese Regeln nun will ich denen übermitteln, die sie kennen lernen wollen und sollen ..."

... malte Augustinus im Vorwort zu seinen vier Büchern „Über die christliche Lehre" (De doctrina christiana, 397/426) aufs Pergament. Sodann fährt er im ersten Kapitel fort:

> „Um zwei Punkte dreht es sich bei jeglicher Beschäftigung mit den (heiligen) Schriften: einmal um die Auffindung dessen, was verstanden werden soll, und dann um die Darstellung des Verstandenen. Ich will nunmehr zuerst von der *Auffindung* und dann erst von der *Darstellung* sprechen."

Didaktik und Methodik sind unverzichtbar, wenn man den Glauben lehren will, Auffindung eben und Darstellung. Überzeugt sein und überzeugend sein sind zu unterscheiden! Religion bedarf der Reflexion *und* der Lehre. Religion ist daher als Bekenntnis absolut *und zugleich* menschliches Stückwerk. Für diesen Widerspruch muss man eine Lösung finden. Wie kann etwas absolut und zugleich relativ sein? Über diese Frage muss auch Augustinus etwas länger nachdenken:

> „Meine Arbeit ist ein großes und mühevolles Unterfangen, und eben weil es so schwierig auszuführen ist, so fürchte ich schon, es möchte bereits eine Verwegenheit sein, sich überhaupt daranzuwagen."

Das Zweifeln betrifft sich selbst – der theologische Kopf zweifelt am menschlichen Vermögen, die Gedanken des theologischen Kopfes angemessen darstellen zu können: Religion noch mal auf die *Darstellung* der Religion selbst angewandt. Es ist zu fragen: Was lässt sich glauben und was nicht? Was lässt sich lehren und was nicht? Denn was man nicht begründen und erklären kann, kann man auch nicht lehren.

Hier wirkt Wissenschaft, lange bevor es Universitäten, Studentensekretariate und Modulbeauftragte gab. Nachmetaphysisches Denken vor den nachmetaphysischen Zeiten. Augustinus zeigt darauf, dass sich das Absolute nur im Bedingten mitteilt, dass das Bedingte aber nur sinnvoll im Hinblick auf das Absolute ist:

> „Denn jede Sache, die durch Mitteilung an andere nicht verliert, besitzt man nicht, wie man soll, solange man sie nur selber besitzt, ohne sie wieder an andere weiterzugeben."

Das (geschichtliche) Mitteilen erst versichert uns des (ungeschichtlichen) Absoluten. Freilich ist jede Mitteilung mit der Schwerkraft der Gegenwart behaftet. Religion unterliegt den Gesetzen der Mitteilung, der Sprache. Im Anfang war das Wort. Dieser Anfang kann nicht unterlaufen werden. Religion ereignet sich in der Zeit, als Konfession eben. Sogar als Institution. Daher stellt sich die Frage des Homerischen Hymnus auf die Geburt Apollos aus dem siebenten vorchristlichen Jahrhundert immer wieder neu:

> „Wie besinge ich dich, o du vollkommen Besungner?"

Diesseits und jenseits der Schranke

Angesichts der langen Tradition in allen Kulturen wird man zu dem Schluss kommen, dass die Religion zu den am meisten beachteten und daher am besten erforschten

Gebieten menschlichen Empfindens, Denkens und Lebens gehört. Seit jeher haben die Menschen nicht nur geglaubt, sondern sie wollten immer genauer wissen, was ihr Glaube besagt, ob sie glauben dürfen oder sollen und wie „glauben" geht.

In der Theologie gehört es zur Fachdisziplin, sich nicht auf Üblichkeiten und Traditionen zu verlassen, sondern diese immer wieder zu rekonstruieren, zu prüfen, zu verbessern. Eine Konfession ohne eine dem Prinzip Wissenschaft verpflichtete Institution (eben die Theologie) nähert sich dem Aberglauben, dem Zufall und der Beliebigkeit. Eine Konfession ohne Theologie ist nicht religiös.

Institutionalisierung und Verwissenschaftlichung *zusammen* führen dazu, Religion gleichermaßen spirituell und der Vernunft zugänglich zu halten.

Dass nicht alle Konfessionen diesen Weg gehen, dass dieser Weg mühsam ist, ändert nichts daran, dass er derjenige ist, der eine aufgeklärte Welt weiterführt. Außerhalb von Institution und Wissenschaft bleibt die religiöse Reflexion synkretistisch, beliebig, zufällig und fällt in den Aberglauben und die Beliebigkeit des Unreflektierten zurück. Man bliebe gewissermaßen *vornachmetaphysisch*. Damit will ich sagen: Man verzichtet wissend auf das Wissen, das man gewinnen könnte. Ohne Theologie fiele der Gläubige hinter das zurück, was die Verkünder der Religion durch die Verkündung wollten: vernünftige Aufklärung über die *letzte* Bedingung der Vernunft.

Und wie in anderen Gebieten menschlicher Tätigkeit führt eine Spezialisierung zu Fortschritt. Wer es ernst meint mit seiner Verantwortung als Fachmann, wird sich Fachleute holen, wenn etwas nicht funktioniert oder zerbrochen ist. Es ist nicht mehr zeitgemäß, die Rationalität, mit der wir alle Bereiche des Lebens auffächern und erforschen, bei religiösen Fragen außen vor zu lassen, ausgerechnet in jener Frage also, die uns an der Trostlosigkeit der Tatsachen zweifeln lässt und unser Vertrauen in Vernunft und Sittlichkeit stärkt. Welches große Unternehmen verzichtet schon auf Grundlagenforschung; und welche Grundlagenforschung kann schon auf systematische Auswertung ihrer Erkenntnisse verzichten?

Auffindung und Darstellung, sagt Augustinus, sind die Aufgabe der Theologie. Wer an der Didaktik und Methodik spart, lässt die Theologie verkümmern. Man kann diesen Gedanken auch politisch auslegen: Wer an der Theologie spart, finanziert den Fundamentalismus.

10. Du kannst mir was Schönes erzählen, oder: Wie die Religion spricht

Ich möchte auf eine Eigenheit mancher Konfessionen zu sprechen kommen, die mir mehr zu sein scheint als eine Zufälligkeit. Es ist jener Aspekt, den Augustinus im Sinne hatte, als er von der Mitteilungs*form* der Religion sprach. Wie teilt sich Offenbarung mit?

Das glaubst du nicht!

Wir kennen es aus Gesprächen mit unseren Kindern: Wenn man in Diskussionen mit Argumenten nicht mehr weiterkommt, verfällt man aufs Erzählen …, wie man selbst mal bis zum Umfallen Sport getrieben hat und wie das geendet hat … Soll ich dir das mal erzählen? Das glaubst du nicht! – „Erzähl!"

„Weißt du, ich habe Fußball über alles geliebt. Schon immer. Und als …" Wir könnten endlos erzählen.

Erzählungen zeigen eine Eigenheit: Niemand kann sie bezweifeln. (Deswegen erzählen wir sie ja.) Es sei denn durch eine andere Erzählung. „Nein, das war so. Pass auf …" Man kann Erzählungen nur durch Erzählungen kritisieren. Eine unendliche Geschichte. Selbst wenn ein Autor wie Münchhausen schwindelt, hat die von ihm losgelöste Geschichte eine Bedeutung, über die man sich verständigen kann. Erzähler haben immer Recht.

Das Erzählen hat eine Dignität: „Einsichtsvollen Herrschern erzähle ich nun eine Fabel", kündigt der altgriechische Dichter Hesiod (um 700 v. Chr.) in seinem zeusgläubigen Religionsklassiker „Werke und Tage" an.

Gelungenes Erzählen hat keine Botschaft, sondern eine Intention: Es zeigt, was man in Begriffen nicht sagen kann.

Zwar versucht man in der Beispielerzählung, in Gleichnis und Parabel, das Erzählen zu domestizieren, es vernünftigen Zwecken dienstbar zu machen. Aber oft genug entzieht sich selbst die Beispielgeschichte der intendierten Moral, sie gewinnt ein Eigenleben, weil eine Erzählung immer mehr enthält, als man in sie hineingelegt hat. Was ist das für ein Vater, der seinen undankbaren Sohn mehr liebt als die, die ihm zeitlebens zur Seite standen? Ist das nicht der Anti-Ödipus? Warum folgt Abraham dem Auftrag, seinen Sohn zu töten? Ist das nicht der Anti-Ikarus? Warum erhängt sich Judas Ischariot? Er hatte doch gerade geholfen, einen Fall zu lösen. Als Kronzeuge, der Allzweckwaffe der neuen Rechtsprechung! Die Preis-Leistungs-Bilanz war doch ausgezeichnet und sogar steuerfrei.

Weder eindeutig noch beliebig

Erzählungen sind nie eindeutig, aber eben auch nicht bedeutungslos. Sie entfalten ihre Bedeutung bei jedem Akt des Verstehens und daher immer neu. Sie stellen ein Einverständnis zwischen Erzählendem und Hörendem her – nämlich jenes, sich auf die Grundlagen einzulassen: Weißt du noch, wie Vater einmal …

Erzählungen kleiden sich stets aktuell. Eine Geschichte kann nicht altern, weil sie von Angesicht zu Angesicht *entsteht*. Geschichten sind wie ein Brunnen, aus dem man immer wieder Wasser schöpfen kann. Das Wasser ist neu und frisch, aber der Brunnen ist immer noch der alte. Eine Geschichte kann etwas festhalten, ohne es festzumachen. Eine Geschichte kann etwas aufbewahren, was sich erst im künftigen Verstehen bewährt. Was man zum Verstehen aufgeben möchte.

Vom Glauben kann man nur erzählen

Ist es nun erstaunlich, dass Konfessionen sich oft im Erzählen von Geschichten tradieren? Im Erzählen kann man von dem berichten, was sich nicht in Begriffe fassen lässt, von Träumen, Hoffnungen, Sehnsüchten, Kränkungen und Verletzungen. Von unnennbaren Voraussetzungen. Es gibt Geschichten, mit denen man sich etwas wünschen kann.

Geschichten berichten das Unerhörte. Sie sind exotisch oder intensiv. Sie berichten aus der Fremde oder vom Überschaubaren, das man übersehen hat. Sie kommen aus weiter Ferne oder gehen unendlich in die Tiefe. Geschichten lassen uns an der gewohnten Wirklichkeit zweifeln, daran, dass etwas eine unumstößliche Tatsache sei. Geschichten unterlaufen die Einfältigkeit unserer instrumentellen Vernunft und die durch Konventionen festgezurrte und daher nur angebliche Faktizität unserer Wirklichkeit. Geschichten sind Ausdruck des Wunsches nach dem Anderen, nach dem Gelingen vielleicht. Jesus hat keine Dogmatik hinterlassen, sondern Geschichten.

Viele Konfessionen tradieren sich in Geschichten, so, als wenn sie wüssten, dass die Dogmatisierung von Religion ihrer eigenen Intention widerspricht.

Lauschen wir doch einmal kurz in ein Gespräch zwischen Sokrates und Phaidros, wie Platon es berichtet:

Sokrates: Weißt du nun, wie du einem Gott durch Reden oder das Nachdenken über das Reden am meisten wohlgefällig sein kannst?

Phaidros: Nein, aber du?

Sokrates: Eine Erzählung, die ich gehört habe, kann ich dir mitteilen. Eine Erzählung von den Alten. Sie wissen ja das Wahre!

Fänden wir dieses Wahre allerdings selbst auf, würden wir uns da wohl noch etwas um menschliche Mutmaßungen kümmern?

Im Erzählen liegt Wahrheit. Religion ereignet sich im Erzählen. Nicht nur das Reden über Gott, auch das Reden darüber, wie man über Gott reden kann, sollte erzählend sein. Ein endloser Erzählfluss, der keinerlei Staustufe, kein Wehr und keine Begriffsschleuse verlangt.

Ich erinnere mich an eine kleine Begebenheit:

„,Gott sieht alles', sagte einmal unsere Volksschullehrerin im Religionsunterricht.

Am Nachmittag zeigte mir mein Freund Peter einen Bunker, unbeschädigt inmitten eines Trümmerfeldes der zerbombten Stadt Münster. ‚Da bist du sicher!'"

Vielleicht enthält diese kleine wahre Begebenheit schon alles, was ich Ihnen bisher an Gedanken vorgelegt habe.

11. Religion ereignet sich. Jedes Mal

Das Besondere zahlreicher Konfessionen ist, dass ihre Stifter nicht nur in Geschichten gesprochen haben, in Gleichnissen, sondern zudem nichts aufgeschrieben haben. Sie haben gewirkt und gepredigt, ermahnt und gezweifelt, aber sie haben nicht einmal Notizen hinterlassen, keine Tagebücher oder Vortragsmanuskripte.

Kein geschriebenes Wort. Nirgends

Auch der Koran ist, der Überlieferung nach, nicht von Mohammed niedergeschrieben, sondern verkündet und dann erst aufgeschrieben worden (vgl. Sure 29,48). Er ist mündlich gegeben und dann erst verschriftlicht worden. Damit entspricht die Stiftungsgeschichte zweier großer Konfessionen dem, was zuvor der griechische Philosoph Sokrates (469–399 v. Chr.), der ebenfalls nichts Schriftliches hinterlassen hat, dem Vernehmen nach als Programm des aufgeklärten Denkens formuliert hat. Sein Schüler Platon lässt ihn im Dialog mit Phaidros Folgendes sagen (ich habe den Text etwas gekürzt und geglättet, damit er leichter lesbar ist). Sokrates beginnt:

> „Ich habe gehört, zu Naukratis in Ägypten habe einer von den dortigen alten Göttern gelebt; der Gott habe Theuth geheißen. Dieser habe zuerst Zahl und Rechnung erfunden und Mathematik und Sternkunde, ferner Brettspiel und Würfelspiel, auch die Buchstaben. Damals habe König Thamus über

Ägypten geherrscht. Zu ihm sei Theuth gegangen und habe ihm seine Künste gezeigt und gesagt, man müsse sie nun den anderen Ägyptern mitteilen: ‚Die Kunst der Buchstaben, o König, wird die Ägypter weiser und erinnerungsfähiger machen; denn als ein Hilfsmittel für das Erinnern sowohl als für die Weisheit ist sie erfunden.' *INDICATIVA*

König Thamus habe erwidert: ‚O du kunstreicher Theuth! Du hast, als Vater der Buchstaben, aus Vaterliebe das Gegenteil von dem gesagt, was ihre tatsächliche Wirkung ist. Denn Vergessenheit wird diese Kunst in den Seelen derer, die sie kennenlernen, herbeiführen durch Vernachlässigung des Erinnerns, *sofern sie nun im Vertrauen auf die Schrift nur von außen her mittelst fremder Zeichen, nicht aber von innen her aus sich selbst, das Erinnern schöpfen.* Nicht also für das Erinnern, sondern für das Gedächtnis hast du ein Hilfsmittel erfunden.

Von der Weisheit aber bietest du den Schülern nur Schein, nicht die Sache selbst. Denn Vielhörer sind sie nun, wenn du sie nicht zusätzlich belehrst. Aber sie werden Vielwisser zu sein meinen, obwohl sie doch eigentlich Nichtswisser sind und Leute, mit denen schwer umzugehen ist, indem sie *Scheinweise* geworden sind, nicht *Weise*.'"

Sokrates' Gesprächspartner Phaidros weiß, dass es eine Sage ist, die Sokrates über den Gott Theut erzählt, *nur* eine Geschichte – aber eine gute. Er antwortet:

„O Sokrates, spielend leicht erdichtest du uns ägyptische und fremdartige Geschichten, die irgendwo spielen, nur nicht hier …"

Kurzum: Du kannst uns ja was Schönes erzählen. Eben, antwortet Sokrates, es ist schön. Das Erzählen ist göttlichen Ursprungs:

„Es meinen einige, die ersten prophetischen Geschichten sei-
en die einer Eiche im Tempel des Zeus in Dodona gewesen.
Den damals Lebenden, die eben noch keine Weisen waren
(und sein konnten) wie ihr Jüngeren, genügte es, in ihrer Einfalt der Eiche und dem Fels zuzuhören, wenn sie nur Wahres
redeten."

Und Sokrates fährt verallgemeinernd und auf das Thema
der Schrift zurückkommend fort:

„Wer also eine Kunst in Schriften hinterlässt, und auch, wer
sie aufnimmt, so, als ob aus Buchstaben etwas Deutliches und
Zuverlässiges entstehen werde, der möchte wohl großer Einfalt voll sein, wenn er glaubt, geschriebene Reden seien etwas
mehr als eine Gedächtnishilfe für den, der das schon weiß,
wovon das Geschriebene handelt."

Darauf Phaidros, der weiß, dass (auswendig gelerntes) Wissen und (inhaltliches) Verstehen zu unterscheiden sind:

„Sehr richtig!"

Und wieder Sokrates:

„Dieses Üble hat doch die Schrift, und sie ist darin der Male-
rei gleich. Denn die Erzeugnisse auch dieser stehen wie lebendig da; wenn du sie aber etwas fragst, schweigen sie sehr vor-
nehm."

Es ist geradezu das alttestamentarische Bilderverbot, von
dem wir hier lesen. Schrift und Bild sind stumm. Sie
sagen einem nichts. Aber lauschen wir weiter, was Sokrates sagt:

„Geradeso auch die Schriften: Du könntest meinen, sie sprechen, als verständen sie etwas: Wenn du aber in der Absicht,

dich zu belehren, nach etwas von dem Gesprochenen fragst, sagen sie immer nur ein und dasselbe.

Und wenn es einmal geschrieben ist, so treibt sich das Geschriebene herum, sowohl bei den Verständigen als auch bei denen, für die es gar nicht passt, und das Geschriebene weiß nicht, bei wem es eigentlich reden und nicht reden soll. Vernachlässigt aber und ungerecht geschmäht, hat das Geschriebene immer seinen Autor als Helfer nötig; denn selbst vermag es sich weder zu wehren noch zu helfen."

Ein Text lebt erst, wenn man ihn auslegt. Er sagt erst etwas, wenn man ihn zur Sprache bringt. Er muss von gesprochenem Wort begleitet werden. Dem kann man nur zustimmen. Und das macht Phaidros:

„Auch dies ist sehr richtig von dir gesagt."

Nur jene Lehre sei bildend, folgert Sokrates, die den anderen anregt, die Sache selbst zu denken. Wissen soll sich in seiner *Jedesmaligkeit* ereignen. Das zu lehrende Wissen und Können muss immer vom Einzelnen hier und jetzt gedacht werden. Jeder muss alles immer selbst denken *können*. Hier wieder Sokrates:

„Und es ist so, mein lieber Phaidros. Viel schöner ist das ernstliche Bemühen um diese Sachen, wenn einer, die dialektische Kunst anwendend, eine geeignete Seele nimmt und mit Einsicht bepflanzt und besät, die sich selbst und dem Pflanzenden zu helfen geschickt und nicht unfruchtbar sind, sondern einen Samen enthalten, aus dem in andersgearteten *Gemütern wieder andere Reden erwachsen*, die geschickt sind, denselben *für immer unsterblich zu erhalten* und den, der sie besitzt, so glücklich zu machen, als es einem Menschen nur irgend möglich ist."

Denken unter Wahrheitsanspruch hebt an in Rede und Gegenrede, wird im Dialog vorausgesetzt. Hier lebt die Unsterblichkeit. Beim Dialog muss es jemanden geben, der das Denken mit seiner Person verbürgt (wie beim Erzählen) und es seinem Zuhörer so darstellen kann, dass er es selbst hervorbringt, dass er nachfragen und es auf sich beziehen kann. Religion kann man nicht belehrend lehren. Man kann nur etwas arrangieren, damit sie hervorbricht.

Im Dialog entsteht eine Gemeinschaft

Und so schließt Sokrates, der Überlieferung nach, das Gespräch:

„Ziemt es sich nicht, hier zu beten, bevor wir gehen?"

Phaidros antwortet:

„Wie anders?"

Und Sokrates betet:

„O lieber Pan und all' ihr anderen Götter hier!
Verleihet mir, schön zu werden im Innern,
was ich aber von außen her habe,
dass es dem Inneren befreundet sei!
Für reich aber möge ich den Weisen achten.
Des Goldes Fülle aber möge ihm werden in solchem Maße,
in welchem es ein anderer weder führen noch tragen könnte
als der Weise.

Nach dem Gebet fragt er:

„Bedürfen wir noch weiter etwas, o Phaidros?
Ich für mich habe hinreichend gebetet!"

Phaidros:

„Auch für mich bete das mit! *Denn Freunden ist das Ihrige gemeinschaftlich.*"

Die Institution der Gläubigen wird hier aus dem Gedanken der Geltung begründet: Das Gebet enthält etwas, was *für alle* gilt: Es stiftet Gemeinschaft, aber eine Gemeinschaft der Geltung. Das Gemeinsame muss je einzeln gedacht werden; aber auch wenn es einzeln gedacht wird, gilt es für alle. Das Denken steht unter Geltungsanspruch und stiftet die Gemeinschaft derer, die um der Geltung willen denken. Eine wunderbare Begründung des Glaubens als Institution. Nicht Glaubensverwaltung, sondern Glaubensgemeinschaft begründet die Institution.

Das Jedesmalige

Und noch etwas ist theologisch aufschlussreich: Der Glaube gilt nicht, weil er überliefert ist (wie die Schrift), sondern er wird überliefert (verkündet), damit er sich jedes Mal ereignet. Der Glaube erweist seine Geltung immer wieder neu: „Der Buchstabe tötet, aber der Geist machet lebendig" (2 Kor. 3,6). Das Wort wird nur lebendig, wenn es je im Einzelnen entsteht. Damit es entstehen kann, muss man dem Einzelnen helfen, aber aus der Hilfe allein entsteht es nicht. Glaube ereignet sich in jedem Menschen neu. *Das* war die Weisheit der Religionsstifter, die selbst nichts aufgeschrieben haben.

Rousseau, der ziemlich viel geschrieben hat, hat immer gegen das Aufschreiben angeschrieben. Er wollte nie Bücher schreiben, und so hat er Bücher gegen das Bücherschreiben geschrieben. Er wollte immerzu das Buch schreiben, in dem zu lesen ist, wie man auf Bücher verzichten kann. Das ist paradox, und natürlich wusste Rousseau, dass das Unternehmen paradox war. Aber sein Mythos „Vom letzten Buch" meint etwas Grundsätzliches, dessen erste Fassung wir in Platons Überlieferung nachverfolgen konnten, uns nun aber „vergegenwärtigen" müssen: Bildung findet nicht dadurch statt, dass die nächste Generation sich das Wissen der vorhergehenden Generation aneignet, also Bücher liest. Sondern Bildung findet statt, indem jeder selbsttätig das denkt, was zu denken ist.

„Sind nicht alle Bücher von Menschen geschrieben worden? Wie könnte also der Mensch ihrer bedürfen, um seine Pflichten zu erkennen? Und welche Möglichkeiten, sie zu erkennen, hatte er, bevor diese Bücher geschrieben waren? Entweder lernt er seine Pflichten *aus sich selbst*, oder er braucht sie nicht zu wissen."

Bücher und Tradition sind nur Souffleusen, Stichwortgeber, Memory-Sticks, Vehikel, sie sind nicht Inhalt von (religiöser) Bildung. Der einzige Inhalt von Bildung ist das eigene bildende Denken, das uns von einem anderen aufgegeben wurde. Von jemandem, der etwas erzählt hat. Davon vielleicht, dass er von nun an jeden Tag so leben will, als sei es sein letzter Tag.

Selbst zu denken kann man nicht lernen, indem man Bücher liest, sondern nur dadurch …, dass man selbst denkt. Selbstdenken wird durch Lehrer angestoßen. Der

Philosoph Arthur Schopenhauer (1788–1860) hat dies einmal sehr schön formuliert:

„Wann wir lesen, denkt ein anderer für uns: wir wiederholen bloß seinen mentalen Prozess. Es ist damit, wie wenn beim Schreibenlernen der Schüler die vom Lehrer mit Bleistift geschriebenen Züge mit der Feder nachzieht.

Demnach ist beim Lesen die Arbeit des Denkens uns zum größten Teile abgenommen. Daher die fühlbare Erleichterung, wenn wir von der Beschäftigung mit unsren eigenen Gedanken zum Lesen übergehen. Eben daher kommt es auch, dass wer sehr viel und fast den ganzen Tag liest, dazwischen aber sich in gedankenlosem Zeitvertreibe erholt, die Fähigkeit, selbst zu denken, allmählich verliert – wie einer, der immer reitet, zuletzt das Gehen verlernt. Denn beständiges, in jedem freien Augenblicke sogleich wieder aufgenommenes Lesen ist noch geisteslähmender als beständige Handarbeit; da man bei dieser doch den eigenen Gedanken nachhängen kann. Aber wie eine Springfeder durch den anhaltenden Druck eines fremden Körpers ihre Elastizität endlich einbüßt; so der Geist die seine durch fortwährendes Aufdringen fremder Gedanken. Und wie man durch zu viele Nahrung den Magen verdirbt und dadurch dem ganzen Leibe schadet; so kann man auch durch zu viele Geistesnahrung den Geist überfüllen und ersticken. Denn selbst das Gelesene eignet man sich erst durch späteres Nachdenken darüber an, durch Rumination (d.i. Wiederkäuen). Liest man hingegen immerfort, ohne späterhin weiter daran zu denken; so fasst es nicht Wurzel und geht meistens verloren. Überhaupt aber geht es mit der geistigen Nahrung nicht anders als mit der leiblichen: kaum der fünfzigste Teil von dem, was man zu sich nimmt, wird assimiliert: das Übrige geht durch Evaporation (Verdunstung), Respiration (Atmung) oder sonst ab.“

Dieses alte Wissen um die Begrenzung und Leblosigkeit der Schrift ist vielleicht der Grund, warum die großen Religionsstifter nichts aufgeschrieben haben. Vielleicht wollten sie nicht, dass sich Religiosität in der passiven Übernahme einer leblosen Schrift ereignet, sondern als Denktätigkeit und Erlebnis des je einzelnen Menschen je neu ereignet. Sie haben den Anstoß gegeben. Denken müssen wir selbst.

Religiosität ist eine Aufgabe

Religiosität ist jedem Einzelnen aufgegeben. Man muss sie allerdings erkennen, um sie leben zu können. Das bedeutet, dass man nicht aufs Lernen verzichten kann und sich unmittelbaren Gefühlen hingeben könnte.

Religiöse Bildung bedeutet, dass das Lernen so stattfinden muss, dass es nicht im Verstehen und Akzeptieren endet, in der Rezeption (input gleich output) – sondern dass es erst beim Selbst-Denken beginnt (output mehr als input). Religion geht nicht in Tradition auf, nicht darin, dass man tut, was *vorgeschrieben* ist. Religion ereignet sich jedes Mal neu, in jedem Menschen. Religiosität kann nicht durch Belehrung gelernt, sie kann nur ausgelöst werden. Glauben kann man nicht jemandem „vermitteln", sondern zum Glauben kann man nur anstiften. Zumeist ist es eine subversive Tätigkeit.

Was bleibt?

Unsere Welt ist die beste aller denkbaren Welten?

Alles, was ist, ist zu Recht, sonst wäre es nicht?

Die Welt ist die Summe all dessen, was (bereits) der Fall ist?

Das sind Sprüche fürs Poesiealbum, mit denen sich viele durch die komplexe Wirklichkeit lavieren:

Wir sind auf einem guten Weg? Wohin, wäre zu fragen.

Fakt ist? Auf Grund welcher Methoden wird etwas zum Fakt? Und wie begründet man die Methoden, mit denen man Fakten schafft? Wie begründet man die Methoden, mit denen man die Methoden begründet?

Wahr ist, was klappt? Akzeptanz? Realitätssinn? In der Wirklichkeit angekommen? Die Normativität des Faktischen? Der Trend? Tun, was alle tun, weil es alle tun? Im Leben fürs Leben lernen? Ist die Anerkennung dessen, was sowieso schon ist, die letzte Weisheit der Moderne?

Endet dort der Bürgersinn, wo der Geschäftssinn beginnt? Die ewige Wiederkehr des Gleichen. Das ewig Gleiche? Die Serie. Saisonausverkäufe? Sagt der DAX, wie glücklich wir sind? Ist es das, was wir wollten? Ist es das, was wir für die Zukunft wollen?

Oder gibt es Alternativen? Das ganz Andere. Das Andersartige.

Nicht die denkbare Welt darf Norm sein, sondern nur die unerkannt mögliche.

Die Schutzflehenden

Können wir uns noch vorstellen, dass alles ganz anders wäre? Besser vielleicht? Wäre das vielleicht eine Bestimmung von Religion, nämlich die Suche nach einer anderen und vielleicht sogar besseren Welt anzustoßen …, und sei es nur, um die empirische Welt daran zu hindern, sich als Enderlösung anzubieten? Wäre es daher geschickt, aus dem ewigen Kreislauf von Zahn um Zahn auszubrechen und die andere Wange hinzuhalten?

Was wäre, wenn wir die Flucht antreten würden aus der babylonischen Gefangenschaft, in der wir Knechte der Vorteilsnahme sind?

Was wäre, wenn wir wirklich akzeptierten, dass alle Menschen Kinder Gottes wären?

Was wäre, wenn wir mit der Hölle rechnen müssten oder mit dem Paradies rechnen dürften? So gewiss wie mit dem Amen in der Kirche.

Was wäre, wenn es das Gute gäbe?

Was würden wir erfahren, wenn wir – wie der heilige Franziskus – mit den Tieren sprächen?

Was würden wir erfahren, wenn die Bäume reden könnten, wie es Sokrates erzählt hat? Ich zitiere noch einmal: „Es meinen einige, die ersten prophetischen Geschichten seien die einer Eiche im Tempel des Zeus in Dodona gewesen. Den damals Lebenden, die eben noch keine Weisen waren (und sein konnten) wie ihr Jüngeren, genügte es, in ihrer Einfalt der Eiche und dem Fels zuzuhören, wenn sie nur Wahres redeten." DAS LEBENDIGE!

Was würden die Stadtwerke sagen, wenn wir Wasser wie Wein wertschätzen würden?

Was wäre, wenn wir unseren Mantel auch mit dem teilen würden, der selbst schuld ist, dass er keinen hat? AUA!

Die in vielen Konfessionen erzählten Wunder sind kein Beitrag zur Naturkunde oder Sozialgeschichte, weder Produkte der Unterhaltungsindustrie noch Ammenmärchen. Vielmehr sind die Wundererzählungen bildstarke Erinnerungen daran, dass das, was Natur- und Sozialwissenschaften herausfinden, nur ein Teil dessen ist, was über die Welt zu wissen wäre. Die Wundererzählungen sind Zweifel an vermessenen Allmachtsphantasien. Sie wollen Zweifel am Ist-Zustand auslösen.

Das Folgende mag ich gar nicht zitieren; es ist so alt, es ist so aktuell. Es klingt so ... Aber sei's drum, man darf hoffen. In der Tragödie „Die Schutzflehenden" des griechischen Theaterschriftstellers Aischylos (525–456 v. Chr.) erreichen Vertriebene die Bühne und sprechen im Chor zu ihrem Gott:

„Zeus, Flüchtlingshort,
schau gnädig herab auf unseren Zug,
der zu Meer von des Nilstroms Mündungen her,
von den feinsandigen,
aufbrach; und verlassend die heilge
Heimat, die an Syria grenzt, flohn wir,
(...) die Hochzeit flohn
voll Abscheu wir; (...)
rastlos zu entfliehn durch die wogende See
und zu landen am Argosstrande" (Argos, vor ca. 5000 Jahren gegründet, liegt im Nordosten der Peloponnes.)

Von allen verstoßen, von jenen, die selbstverständlich und nachweislich gute Gründe und empirisch abgesicherte Fakten haben, warum man Flüchtlinge nicht aufnehmen kann, von allen Menschen verstoßen, bitten die schutzflehenden Frauen voller Verzweiflung die allerletzte Instanz um Schutz: Zeus.

Was sagt es über den Zustand unserer Welt aus, wenn schutzflehende Menschen nicht bei Menschen Schutz suchen, sondern stattdessen zu ihren Göttern beten müssen? Könnte es sein, dass wir gegenüber dem Menschlichen versagt haben? Könnte es sein, dass Menschen kei-

"ERZIEHUNG IST BEISPIEL und NICHTS ALS LIEBE."

nen anderen Weg mehr zum Menschlichen finden, als sich von den Menschen ab- und Gott zuzuwenden? Könnte es sein, dass hier etwas als Aufgabe der Götter angesehen wird, was doch eigentlich Aufgabe von uns Menschen sein müsste …, nämlich menschlich zu handeln? Warum müssen jene Flüchtenden beten?

Warum müssen Menschen beten? Weil ihnen Menschliches versagt wurde? Ist das nicht der Skandal des Gebets, dass Menschen um des Menschlichen willen sich nicht an Menschen wenden können …, sondern ihre Götter bitten müssen? Zeigt nicht jedes Gebet auf die Abwesenheit von Menschlichkeit? *ERZIEHUNG 2*

Gesteht ein Gebet nicht ein, dass Menschen versagt haben? Sagt nicht jedes Gebet: Menschen sind nicht immer menschlich? Sie können kleinmütig sein. Opportunistisch. Auf ihren Vorteil bedacht. Den Menschen nach Kosten und Nutzen berechnend. An diesen Jammer erinnert das Gebet.

Das Absolute fragt nicht nach Opportunitäten. Es fragt nach dem Guten. Es ist Zuflucht der Gerechtigkeit. Was wäre, wenn …? Hier geht es nicht um eine praktische Lösung, hier geht es um eine grundsätzliche Frage. Was wäre, wenn? Daran erinnert der Chor im Gebet. Er fragt nach Gnade.

Leben wir doch so, als ob es ihrer nicht bedürfte! *SCHÖN WÄRE!*

Religion ist nutzlos

Vielleicht wird unsere reale Welt täglich besser. Aber wenn wir die Idee des gelingenden Lebens nicht einmal mehr zur Kenntnis genommen haben, werden wir das nie her-

ALLE MENSCHEN SIND GLEICH.
LIBERTÉ, EGALITÉ, FRATERNITÉ
= HUMANISMUS

ausfinden. Dann bleiben wir im Jammertal, haben Angst vor allem, was unsere Gewohnheiten stört.

Religion ist nutzlos, aber gerade das ist ihr Sinn. Das ist ihre Bedeutung: Sie lässt sich nicht nach Nutzen und Kosten berechnen. Das ist ihr zu kleinmütig: Kirchensteuern sparen, weil man nichts davon hat? Wer so argumentiert, macht sich zum Lehrling des Faktischen. Er hat seinen Frieden längst gemacht im Tal der Finsternis.

Wer angesichts von Religion nach dem Preis-Leistungs-Verhältnis fragt, bekennt, dass er käuflich ist. Seine Steuerersparnis ist der Mitgliedsbeitrag für den *Club der faktischen Zustände*. Sein Sparmodell finanziert die Alternativlosigkeit.

Alle Konfessionen wissen es: Almosen durchbrechen den totalen Tauschhandel. Die Verdinglichung auch des Menschen. Religion berechnet nicht den Wert des Menschen, sondern verschafft ihm Würde. Auch deswegen gibt es in vielen Konfessionen den Aufruf zu Almosen. Das ist kein Geschäftsmodell, sondern symbolischer Ausdruck davon, dass man alles anders machen kann. Besser nämlich.

Religion ist unberechenbar. Sie legt kulturelle Denkverbote offen. Sie stellt mit anspruchsvoller Theorie das Zweck-Mittel-Kalkül, die Kapital-Ertrags-Theorie als prominente Prinzipien für *alle* Fälle des Lebens in Frage.

Wer meditiert, wer betet, wer den Gottesdienst oder eine Moschee, einen Tempel oder einen anderen Gebetsort aufsucht, wer Almosen gibt und Bedürftige aus Nächstenliebe pflegt, kann dies vor der ökonomischen Vernunft gewiss nicht rechtfertigen. Es verstößt gegen die Vereinbarung, das eigene Leben ausschließlich nützlich und gewinnbringend gestalten zu müssen. Zeit ist Geld! Spenden bringt

DOCH, MAN FÜHLT SICH BESSER

MAN HAT ABER AUCH IMMER EIN

nichts ein, Pflege von Bedürftigen ist unproduktiv, Sterbebegleitung amortisiert sich nicht! Dagegen setzt der Glaube: Arbeite – und bete! Hilf!

Man könne nicht immer beten, sondern müsse für die Nahrung sorgen und brauche ein Dach über dem Kopf. Aber, so alle Konfessionen, mit Nahrung und Hausbau allein ist Leben noch nicht menschlich. Nahrung und Wohnstatt schaffen die Tiere auch. Vom Brot allein sollte man nicht leben. Menschliches Leben ist mehr als seine Optimierung im Hinblick auf Investition und Gewinn vor Steuer.

Religion mahnt: Menschen *sind* kein Humankapital und Kinder keine Investition in die Zukunft. Jeder Mensch *ist* mehr als nur Mittel zum Zweck. Die Lilien auf dem Felde zeigen es. Sie sind ohne Nutzen schön. Diese Idee der Nutzlosigkeit mag ein Grund dafür sein, warum alle Konfessionen ihr Absolutes „schön" oder ohne die Schwerkraft der Welt darstellen. Schönheit kennt keinen Zweck. Weltferne ist kein Geschäftsmodell. Weltferne und Schönheit sind nur sie selbst.

Religion wird je neu im Einzelnen formuliert. Sie ist das Verhältnis des je Einzelnen zu seiner nur je einzeln zu lebenden Endlichkeit. Jeder stirbt für sich allein – das heißt, dass er aus dieser existenziellen Erfahrung, die man weder outsourcen noch durch Erfahrungen anderer lernen kann, Konsequenzen zieht – religiös denken muss.

Alle Konfessionen dienen der Religion – sie sind es nicht schon. Aber um das Religiöse ausdrücken zu können, braucht man zugleich eine Konfession mit ihren Traditionen, Kenntnissen und Denkweisen, mit ihrer Geschichte, die man kennen muss, um verantwortlich handeln zu können. In dieser Spannung findet religiöses Lernen statt.

Nachbemerkung

„Der Islam gehört zu Deutschland." Dieser Satz hat es aus dem Bundespräsidialamt bis in die Talkshows geschafft. Was sagt er eigentlich? Will der Satz einen Zustand oder ein Sollen beschreiben? Was heißt „gehört"? Ist das Vorhandensein des Islam gemeint oder seine Mitbestimmung in sozialen Fragen?

Man kann sich wunderbar aufregen, weil der Satz gar nicht sagt, was er meint. Und so kann man ihm alles unterstellen und die Unterstellung als Anlass zur Empörung nehmen. Skandal!

Aber der Satz und seine Karriere sind noch in anderer Hinsicht bedeutsam: Bevor nämlich diese Frage angegangen werden könne, meinte kürzlich der Benediktiner-Pater Paulus Koci, Rektor des Studienhauses der deutschsprachigen Benediktiner in Salzburg, wäre doch die Frage anzugehen, ob Religion zur modernen Gesellschaft gehört – oder zumindest zur deutschen Gesellschaft. Warum diskutieren wir nicht zuerst darüber? „Gehört das Christentum zu Deutschland?" Oder: „Gehört die Religion zum Menschen?"

Diese Fragen gaben den letzten Anstoß zu dieser Zusammenfassung von Überlegungen zum Verhältnis von Religion und Gesellschaft. Brauchen wir Religion, um als sich bildende Menschen handeln zu können? „Über die Religion. Reden an die Gebildeten unter ihren Verächtern" (1799), dieser Titel eines Buches des Theologen und Bildungstheoretikers Friedrich Daniel Schleiermacher (1768–1834) war leider schon vergeben. Ich hätte ihn gern genutzt.

Es sind keine theologischen Reflexionen, die ich anzubieten habe, sondern zuallererst öffentliche Überlegungen eines Bürgers. Eines Mitglieds der Zivilgesellschaft. Meine Überlegungen wollen nicht theologische Forschungslücken schließen, sondern eine gesellschaftliche Herausforderung praktisch bedenken: *Brauchen wir in der Moderne die Religion, um uns als Menschen zu bilden?* Inwiefern sind wir nachmetaphysisch?

Die Überlegungen müssen nicht neu, sondern sie sollen nur richtig sein. Sie stammen von einem Erziehungswissenschaftler, Bürger und Vater. Dies sind drei besondere Perspektiven, die Nachteile und Vorteile haben. Die Nachteile liegen auf der Hand: Ein Religionswissenschaftler könnte Beispiele aus allen Teilen der Welt anführen und ein Theologe könnte die Feinheiten seiner Konfession anführen, um Thesen zu untermauern oder zu widerlegen. Er kennt sich in der Philologie der heiligen Schriften aus, weiß, ob das zitierte Wort in der Ursprache etwas völlig anderes bedeutet, als es die Überlieferung weitergibt. Ich will gar nicht in Konkurrenz treten zur Religionswissenschaft, zur Theologie. Ich streiche notfalls jedes Zitat. Aber nicht die Gedanken, die zu dem Zitat geführt haben. Es geht mir darum, eine ganz begrenzte Frage unter vielerlei Aspekten zu diskutieren und abzuwägen. Natürlich muss sachlich alles stimmen, aber es geht mir um das Verhältnis der Sachen zueinander.

Als Vater, als Pädagoge und als Erziehungswissenschaftler muss man überlegen, wie man jemanden an die religiöse Frage heranführen könnte. Ich habe hier einen bürgerlichen Versuch gewagt. Da ich in katholischer Tradition aufgewachsen bin, kenne ich diese noch am besten (wenn auch ausschließlich als Laie) und fühle mich in ihr heimisch. Ich bin aber weder Theologe noch Beauftragter. Ich spreche auf eigene Rechnung. Ich fange mit einem Beispiel an, komme zu einer Frage. Ich *suche* nach einer vernünftigen Antwort. Mehr habe ich nicht zur Verfügung. Ein Autor mit anderer Konfession hätte vielleicht andere Beispiele gewählt – aber ich hoffe nicht, dass er zu anderen Schlüssen gekommen wäre. Mit den Beispielen ist etwas Allgemeines gemeint, das zu klären war.

Ich habe Beispiele aus unterschiedlichen Konfessionen zitiert, um darauf hinzuweisen, dass es mir nicht um eine Konfession geht, sondern um die Religion. Meine Frage lautet: „Gehört die Religion zur Gesellschaft?" Die Zitate sollen nur belegen, dass etwas Bestimmtes gedacht wurde. Sie sollen nicht belegen, dass etwas so ist.

Die vorstehenden Überlegungen sollten kein Bekenntnis sein, sondern Reflexionen. Sie sollten nicht Gefühlen Ausdruck geben, sondern Argumente vortragen. Diese Argumente sollten nicht für mich typisch, sondern allgemein Geltung haben.

Manchmal bediene ich mich anderer Texte. Meistens habe ich die Zitate dem heutigen Sprachgebrauch und der aktuellen Orthografie angepasst; es sind also *immer* Übersetzungen, Adaptionen sogar, Nacherzählungen; Auslassungen sind nicht gekennzeichnet – aber niemand kann einen fremden Text anders als in Auswahl und Übersetzung verstehen. Auch eine offizielle Interpretation ist nur eine von vielen möglichen. Ich zeige also mit meiner Überarbeitung an, *wie ich eine Textstelle verstehe.*

Zudem habe ich auf bibliographische Nachweise verzichtet – einmal aus dem soeben genannten Grund, dann, weil die Zitate nur Beispiele sind, keine Belege, und daher austauschbar, wenn ich sie falsch verstanden haben sollte … und weil man schnell mit den im Text erwähnten Hinweisen die Originalquelle findet. Mit den Suchmaschinen heute ist es gar kein Problem.

Für die vielfältige Unterstützung – nicht nur – bei der Korrektur danke ich Beate Fliegner, Christina Marx, Jared Schmitt, Daniel Schönbauer und wie immer Jeanette Neuburg.

Danken möchte ich Heribert Handwerk für das hilfsbereite und kreative Lektorat.

Wenn ich jemandem in diesem Buche ganz besonders danken möchte, dann meinen beiden Söhnen, die mich unnachgiebig mit ihren Gedanken und Einwänden beschäftigt haben, beim Frühstück oder Mittagessen, beim Fernsehen, beim Spazierengehen und auf Radtouren …, die nicht nachließen, das, was ich als Selbstverständlichkeit ansah, anzuzweifeln und radikal, d.h. grundsätzlich, in Frage zu stellen. Ohne ihre Impulse und Nachfragen, ohne ihre Beharrlichkeit wäre das Buch nicht entstanden. Dafür danke ich beiden.

Gewidmet ist das Buch meiner Frau Christa auf alle Zeit.

Wer gerne weiterlesen möchte, der sei verwiesen auf

Benner, Dietrich: Bildung und Religion. Nur einem bildsamen Wesen kann ein Gott sich offenbaren. Paderborn 2014 (Religionspädagogik in pluraler Gesellschaft. Band 19)

Ladenthin, Volker: Wozu religiöse Bildung heute? Sieben Versuche, an der Endlichkeit zu zweifeln. Würzburg 2014

Mikhail, Thomas: Bilden und Binden. Zur religiösen Grundstruktur pädagogischen Handelns. Frankfurt/M. 2009

Rekus, Jürgen: Wie kommt das Religiöse in die Pädagogik? Ein Beitrag aus systematischer Perspektive. In: L. Kuld, R. Bolle, Th. Knauth (Hg.): Pädagogik ohne Religion? Münster/New York/Berlin 2005, S. 69–80

Rekus, Jürgen: Der religiöse Aspekt pädagogischen Handelns. In: Ziebertz, H.-G./Schmidt, G.-R. (Hg.): Religion in der Allgemeinen Pädagogik. Freiburg / Basel / Wien 2006, S. 102–114

Rekus, Jürgen: Das religiöse Apriori jeder Bildung. In: Meyer-Blanck, M./Schmidt, S. (Hg.): Religion, Rationalität und Bildung. Würzburg 2009, S. 43–54

Schilmöller, Reinhard: Religionsunterricht und moralische Erziehung: Sinnerfahrung im Glauben. In: Regenbrecht, Aloysius u. Pöppel, Karl Gerhard (Hg.): Moralische Erziehung im Fachunterricht, 2 Bände (Münstersche Gespräche zu Themen der wissenschaftlichen Pädagogik Heft 7.1 und Heft 7.2), Heft 7.2, Münster 1990, S. 160–193

Schilmöller, Reinhard/Regenbrecht, Aloysius/Pöppel, Karl Gerhard (Hg.): Ethik als Unterrichtsfach, Münster 2000

Schneider, Johannes (Hg.): Bildung und Religion. Münster 1993 (= Münstersche Gespräche zu Themen der wissenschaftlichen Pädagogik, H. 10)